Albert Schulz

Reimregister zu den Werken Wolframs von Eschenbach

Albert Schulz

Reimregister zu den Werken Wolframs von Eschenbach

ISBN/EAN: 9783744628754

Hergestellt in Europa, USA, Kanada, Australien, Japan

Cover: Foto ©ninafisch / pixelio.de

Weitere Bücher finden Sie auf **www.hansebooks.com**

BIBLIOTHEK
DER
GESAMMTEN DEUTSCHEN
NATIONAL - LITERATUR
VON DER ÄLTESTEN BIS AUF DIE NEUERE ZEIT.

III. ABTHEILUNG
ZWEITER BAND:
REIMREGISTER
ZU DEN WERKEN
WOLFRAMS VON ESCHENBACH.
VON
DR. A. SCHULZ (SAN-MARTE).

QUEDLINBURG UND LEIPZIG.
DRUCK UND VERLAG VON GOTTFR. BASSE.

MDCCCLXVII.

REIMREGISTER

ZU DEN WERKEN

WOLFRAMS VON ESCHENBACH.

VON

DR. A. SCHULZ
(SAN-MARTE).

QUEDLINBURG UND LEIPZIG.

DRUCK UND VERLAG VON GOTTFR. BASSE.

MDCCCLXVII.

Wilhelm Grimm's in der Berliner Akademie der Wissenschaften am 7. März 1850 gelesene Abhandlung: „Zur Geschichte des Reimes" (Göttingen, Dieterich, 1852, 4) zeigt, welch' ein weites Gebiet der Untersuchung der Reim darbietet. Wolfram von Eschenbach ist nach Inhalt und Form seiner Werke einer der bedeutendsten Dichter aller Zeiten, und seine Gedichte repräsentiren die Blüthe der mittelhochdeutschen Poesie. Daher mag es nicht als ein müssiges Unternehmen erscheinen, auch nach der speciellen Seite seiner Reimkunst ihm die eingehendste Aufmerksamkeit zuzuwenden. Im Reime drückt sich das Wort in seiner eigensten Betonung aus, und die geschickte Anwendung des Reimes ist ein Zeichen vollendeter Kunst. Ein Reimregister zu Wolframs Werken, zumal mit Rücksicht auf deren grossen Umfang, wird daher als ein Richtscheit für die Reimkunst in der besten Zeit der mittelhochdeutschen Poesie überhaupt gelten dürfen, an dem die Kunst und Sprache anderer Dichter gemessen und damit ohne Mühe verglichen werden kann. Es zählt sein Parcival 24,810, Titurel 680, Wilhelm 13,988, die Lieder 280, zusammen 39,758 Reimverse, oder rund 19,879 Reimpaare. Von diesen reimen unrein, u. z. in $a:\hat{a}$ 461, wovon allein auf das Wort *man*, mit Einschluss seiner Composita, 251 fallen; in $e:\ddot{e}$ 70, in $e:\acute{e}$ 14, in $i:ie$ 1, in $i:\hat{\imath}$ 11, in $y:i$ 10, die jedoch kaum für unrein zu halten, und mehr nur durch die Schrift und für das Auge, als durch die Aussprache als solche markirt werden; in $or:orh$ 1, in $o:\hat{o}$ 61, in $u:\hat{u}$ 37; und dazu kommen 20 Assonanzen; mithin kommen überhaupt 686 unreine Reime auf 19,879 Reimpaare, oder etwa $3\frac{1}{2}$ pCt., ein Verhältniss, wie es bei nicht vielen Dichtern sich wieder finden wird, wenn auch Einzelne in kürzeren Dichterwerken ihn in vollendeter Reinheit übertreffen mögen. — Die Benutzung eines solchen Reimregisters streift in so mannigfache Gebiete, und dient so verschiedenen Zwecken und oft minutiösesten Untersuchungen, dass ich mich näherer Erörterungen über Einzelnes enthalten muss. Besonders belehrend ist es jedoch zur Feststellung der Aussprache der fremden Namen und ausländischen Wörter im Reim mit deutschen Wörtern. Bei der Betonung, so wie bei der Versangabe ist lediglich Lachmann's Ausgabe der Werke Wolframs v. J. 1833 zum Grunde gelegt, und der Parcival mit P, Wilhelm mit W, Titurel mit T, und die Lieder sind mit L bezeichnet, und die letzteren nach Seiten- und Verszahl citirt. Bei jedem Reime sind die Namen vorangestellt, im übrigen ist die alphabetische Ordnung festgehalten.

Ueber eine andere und bessere Anordnung und Einrichtung des Ganzen liesse sich vielleicht streiten, indess genügt das Werk, wie es hier ist, jedes Falls, um ganz leicht die Reimworte, auf die es dem Benutzer ankommt, aufzufinden; und bei der ausserordentlichen Mühe, Geduld und Aufmerksamkeit und dem grossen Zeitaufwand, den es ohnehin erforderte, möge diesem sprachlichen Hülfsbuche auch in dieser Gestalt billige Nachsicht angedeihen, und es sich eines willkommenen Gebrauchs zu erfreuen haben.

Magdeburg.

Dr. **A. Schulz.**

Inhalt.

	Seite.
A	1
Â	25
A = Â	32
Æ	35
AU	37
E	—
Ê	42
Ê = E	49
È	50
Ê = E	53
EI	—
EY	60
EV	—
I	—
IE	70
I = IE	75
IV	—
Î	76
Y	87
Y = Î und I	—
O	—
Œ	93
OY	94
OEV	—
OV	95
Ô	96
OR = ORH	100
O = Ô	—
V	101
Ŷ	105
V̂	107
VE	108
VO	109
V = V̂	112
Assonanzen	113

A.

ABE. *abe* = drabe P 32,17. = habe P 9,21. 16,23. 31,21. 92,13. 99,7. 200,11. 336,23. 562,27. 785,19. 819,13. W 170,15. 226,21. 232,17. 240,23. 335,1. 375,27. = knabe P 138,9. 243,17. 290,5. 803,1. = stabe P 279,5. = ungehabe W 456,29.
drabe = ungehabe W 130,13.
grabe = buochstabe P 108,1.
habe = drabe P 58,21. 564,19. 753,21. 822,11. W 79,17. 222,27. = knabe P 345,11. 736,25. = trabe P 647,1.
ABEN. *behaben* = ergraben P 479,19. = graben P 383,21.
erhaben = knaben P 18,23. W 5,23.
graben = draben P 226,11. = shaben P 206,3.
haben = begraben P 10,23. 253,7. = umbehaben W 241,21.
knaben = schaben P 470,27.
ABLE. *Arable* = erzable W 355,21.
ABN. *begrabn* = gehabn W 451,11. = geshabn P 160,15.
behabn = grabn P 601,21. = labn W 116,27.
drabn = gehabn P 161,21. = knabn P 714,1.
enthabn = drabn P 180,1. = grabn P 611,11.
erhabn = begrabn P 461,11. = drabn W 138,23. = ergrabn P 146,1. 565,15. = grabn P 31,29. 681,13. W 239,27. = knabn P 129,3. = labn W 390,21. = stabn W 142,29. = unbeschabn P 596,5.
ABS. *Raabs* = drabs W 390,9.
ABT. *gedrabt* = gelabt P 190,25. = umbehabt W 113,11. = verhabt W 317,9.
gehabt = gestabt P 151,27.
habt = endrabt P 299,1.
verhabt = vergrabt P 420,23.
ABTE. *habte* = drabte P 247,19. = gelabte P 165,27.
AC. *Baldac* = bewac W 413,3. = lac P 13,15. 496,29. 563,5. W 433,7. = mac W 73,23. = pflac P 15,29. 102,11. 751,25. W 96,9. 434,3. = slac W 439,21. = wac P 106,29.
Itolac = gepflac P 640,27. = pflac P 624,3.
Killirjacac = lac P 65,13. 73,21. = tac P 51,19. = widerwac P 46,25.
Semblidac = Itolac P 772,9. = bewac P 384,1. = lac P 351,9. = pflac P 386,7.
bejac = schelmetac P 387,25.
bewac = gepflac P 739,9. W 158,9.
lac = bejac P 434,29. = bewac P 121,3. = erschrac P 126,1. 131,3. W 229,27. = gepflac L 6,1. P 538,23. 569,7. 670,3. 734,25. W 50,7. 252,25. = mac P 134,7. 193,24. W 229,3. = nebeltac P 591,15. = pfinxtac P

1

216,13. = slac P 181,3. 254,1. W 19,3. = smac P 186,9. 789,25. 808,13.
W 62,11. 451,23. = tac P 24,5. 36,3. 68,29. 136,3. 166,23. 167,17. 176,29.
192,27. 213,11. 215,1. 254,7. 263,19. 298,7. 373,3. 377,1. 565,25. 587,25.
665,23. 720,25. L 1,3,6. W 61,9. 81,19. 125,1. 137,1. 200,9. 225,11. 410,3.
459,29. = wac P 36,25. 38,25. = wandeltac P 483,15. = widerwac P 18,5.
mac = bejac P 318,21. = belac W 310,29. = erschrac W 93,1. = gelac
W 171,27. = karfrltac P 448,7. 470,1. = nebeltac W 40,9. = sac P
364,11. = slac P 320,29. = smac P 481,23. = underslac P 534,5. = wac
P 292,11. W 216,13. = weidetac P 491,9.
pflac = bejac P 363,3. 485,19. W 285,15. = bewac P 100,25. 351,29. 495,13.
670,15. 788,21. W 199,25. = hac P 508,9. = klac P 379,11. = lac P
35,15. 309,5. 358,21. 381,1. 382,5. 410,3. 423,7. 534,15. 535,5. 542,25.
553,27. 573,7. 568,25. 574,17. 596,17. 616,1. 624,29. 702,29. 733,21. 743,3.
799,25. 816,3. W 21,23. 34,11. 55,1. 83,17. 84,21. 118,9. 162,25. 188,7.
243,17. 261,21. 281,17. 283,25. 318,25. 335,25. 350,17. 379,27. 403,21. 419,27.
444,9. 497,19. = mac P 612,9. W 131,9. 191,23. 200,15. = sac W 407,25.
= slac P 20,11. W 100,19. = tac P 4,27. 7,13. 103,25. 117,5. 197,15.
279,29. 280,7. 336,13. 339,13. 467,17. 580,29. 627,5. 628,1. 644,5. 704,29.
731,11. 802,9. 820,17. W 14,7. 70,3. 80,7. 106,1. 261,25. 418,19. 452,23.
466,23. = wac P 161,9. 296,29. W 376,7. 377,29. = widerwac P 13,3.
215,7.
slac = belac W 21,5. 27,27. 455,3. = erschrac W 422,9.
tac = belac W 254,3. = bewac P 119,19. 502,23. 755,5. = gelac P 112,5.
638,1. = mac P 9,27. 22,5. 173,3. 189,24. 196,1. 366,13. 451,21. 548,11.
552,29. 608,29. 610,19. 646,27. 774,29. 801,9. W. 12,1. 64,29. 71,19. 134,23.
153,19. 278,5. 296,13. 337,21. 361,19. 460,11. L 5,23-25. 7,41. 9,8. = sac
W 332,27. = slac P 321,17. 545,5. = verpflac P 698,15. W 312,25. =
wac P 30,15. W 448,13.

ACH. *Eschenbach* = sprach P 827,13. = gesprach W 4,19. = gemach P 185,7.
= sach P 114,11.
hánach = geschach W 255,13. 341,23. = sach W 363,1.
Hispach = geschach P 297,29.
brach = dach P 159,13. = ersach W 46,15. = gemach W 47,23. = gesach
P 104,15. W 285,19. = geschach P 137,5. 139,13. 269,21. 428,29. W 72,23.
147,15. 289,3. = jach W 331,29. = sach W 387,17. = sprach P 767,1.
= stach P 78,29. = ungemach P 463,19. W 218,23. = verjach P 5,7. =
versach W 262,29.
dach = dersach P 161,23. = ersach W 82,17. = gebrach P 604,7. = ge-
mach P 36,23. 371,7. 552,13. = jach P 261,13. 319,23. W 281,11. = krach
W 351,23. = sprach P 338,13. = ungemach P 612,17. = vach P 317,27.
= verjach P 369,9.
gebrach = besach P 702,13. = geschach W 49,21. = sach W 436,9.
gemach = gebrach W 449,7. = jach W 112,15.
geschach = ensach P 217,6. = ersach P 43,9. 562,29. 619,29. 151,5. 409,23.
L 8,11. = gemach P 35,5. 227,25. 547,5. 624,27. 702,9. 774,29. W 132,13.
246,11. = gesach P 193,19. 496,23. W 235,13. = gesprach P 281,17.
W 384,19.

rach = ersach P 307,23. = geschach P 305,17. 421,9. 529,7. W 153,27. = sach P 521,11. 527,29. W 206,17. = sprach P 641,5. 824,21. W 107,23. = zebrach P 675,11.

sach = albernach W 49,7. = bach P 663,1. 721,25. = brach P 51,13. 92,29. 110,23. 131,17. 401,15. 423,29. 541,13. 661,19. W 93,29. 292,13. = dach P 60,5. 63,21. 101,13. 111,3. 257,15. 302,1. 565,7. 589,25. 760,15. W 3,23. 16,3. 59,27. 364,15. 366,9. = erstach W 303,25. = gemach P 93,7. 163,13. 243,5. 426,13. 612,7. 674,25. 800,13. W 130,11. 186,19. 281,19. 286,5. = geschach P 37,13. 124,27. 128,17. 156,5. 189,1. 199,13. 256,15. 282,23. 342,3. 382,25. 396,3. 397,3. 553,11. 630,21. 637,25. 645,5. 646,7. 672,15. 676,1. 758,29. 787,17. 803,17. W 155,29. 200,19. 332,11. 429,1. 445,1. = gesprach P 371,5. = jach P 108,29. 222,1. 258,13. 339,7. 364,25. 363,7. 497,23. 516,23. 541,29. 585,25. 638,3. 724,21. 728,19. 738,5. 796,11. W 104,27. 117,29. 146,9. 249,7. 278,11. 284,25. 333,15. = krach P 681,25. W 314,29. = stach P 106,9. 135,9. 357,23. 424,19. 492,29. W 25,19. = verjach P 28,29. 36,17. 344,19. W 220,5. 214,15. = zebrach P 537,9. W 287,21.

sprach = enstach P 287,7. = ersach P 76,21. 63,11. 143,3. 405,1. 410,25. 449,25. 506,19. W 58,13. 228,9. = gebrach P 397,19. = gemach P 99,29. 278,23. 390,13. 549,1. 640,13. 642,13. 651,19. 784,9. 795,19. W 174,19. 277,13. = gesach P 8,27. 461,5. 546,11. 563,13. 745,13. 748,13. 751,1. 758,9. 799,1. = geschach P 168,23. 196,19. 268,13. 271,3. 276,11. 277,17. 293,29. 303,1. 352,19. 354,27. 389,3. 396,19. 407,21. 411,5. 415,9. 456,5. 464,1. 528,21. 558,13. 600,7. 614,1. 654,15. 672,21. 694,1. 708,1. 746,1. 795,1. W 60,19. 148,17. 190,21. 213,25. 250,1. 306,1. 359,13. 443,29. = jach P 7,17. 59,21. 92,15. 94,3. 288,3. 351,7. 395,25. 412,11. 682,23. 707,11. 750,29. 756,3. W 67,7. 75,29. 80,15. 135,1. 300,1. 399,29. = sach P 24,13. 33,19. 64,21. 96,23. 97,17. 136,9. 149,5. 175,23. 204,21. 223,15. 225,7. 242,11. 249,25. 251,25. 258,1. 304,25. 305,25. 310,13. 318,27. 328,1. 362,15. 366,3. 388,15. 411,17. 416,27. 454,17. 457,21. 473,15. 474,25. 484,25. 488,17. 493,15. 509,11. 520,15. 523,5. 531,21. 544,25. 574,27. 590,21. 591,27. 593,21. 615,19. 621,1. 645,1. 649,3. 659,9. 693,5. 699,1. 711,15. 714,25. 717,3. 724,13. 766,9. 776,9. 788,15. 792,25. W 39,7. 44,1. 65,19. 66,25. 83,19. 90,17. 105,27. 129,17. 139,25. 192,13. 201,3. 203,11. 291,25. 311,11. 334,17. 343,9. 457,1. 459,21. = stach P 299,19. 500,4. = ungemach P 29,17. 692,19. 720,1. 759,1. 818,1. W 49,15. 95,9. 165,27. 173,15. 210,7. 252,29. 319,27. 335,21. = verjach P 122,21. 286,1. 309,23. 312,19. 363,1. 424,11. 595,13. 646,23. 673,25.

stach = ersach W 365,3. = geschach P 383,9. = gesprach W 10,21. = jach P 545,3. = krach W 12,27. = rach W 198,23. = verjach P 340,5. = zebrach P 380,9. W 361,25.

ungemach = ersach W 60,13. 111,1. 223,7. = gesach P 480,27. W 53,25. = geschach P 137,23. 679,29. W 162,15. 265,23. 418,29. 431,3. = jach P 182,1. 601,5. = krach W 348,19. = sach P 716,5. W 7,7. 136,1. 270,7. 272,23. 365,13. 425,1. 442,17. = übersach P 295,3. = zebrach P 599,5.

verjach = gemach P 227,3. = gesach 169,3. 262,25. = geschach W 259,19.

ACHE. *dache* = erlache T 129. = gemache W 276,29.

krache = sache P 764,29. = schiltwache W 105,19. = trache W 409,17.

sache = gemache P. 477,25. = mache W 211,29.
trache = swache W 270,25.
ungemache = bache T 119. = dache W 220,7. = krache W 34,9. T 55. = sache W 323,19. = schache W 88,25. = swache T 12. = wache W 71,23.
ACHEN. *gemachen* = reiselachen P 216,21.
krachen = lachen W 152,7. 275,17. 299,23. = machen W 209,3. 370,17. = sachen P 378,9. = spachen P 219,9. = wachen P 192,7. 567,25. = wachen P 192,7. 567,25.
lachen = erwachen P 131,5. = gemachen L 10,19. P 114,1. = machen P 14,23. 46,13. 147,23. 160,29. W 258,19. = sachen P 152,25. 304,15. = trachen P 137,19. = wachen P 166,9. 285,19. 581,21. 800,27.
machen = brûtlachen W 63,23. = verwachen W 257,13.
sachen = erwachen P 245,17. = rückelachen P 627,21. 760,21. = tischlachen P 815,23.
wachen = declachen P 243,29. = llnlachen P 294,13.
ACHET. *gemachet* = gelachet P 657,9. = gewachet W 239,9. = lachet W 321,27. = verswachet W 360,27. 364,25. 400,29. = wachet P 550,9. T 31.
krachet = erwachet P 172,19.
machet = lachet L 10,1.
ACHTE. *lachte* = machte P 531,9. = erwachte P 554,7.
wachte = erkrachte W 70,29.
ACKE. *smacke* = bracke W 240,9.
ACKER. *acker* = wacker P 379,25.
ACT. *verdact* = gestract W 395,9.
ACTE. *nacte* = wacte W 102,25.
stacte = volracte W 361,27.
ADE. *bade* = stade P 173,11. 255,7. W 436,7.
lade = schade L 5,28-30.
ADEN. *schaden* = baden P 262,29. W 47,21. 142,5. = geladen P 473,19. = laden W 71,17. = überladen W 51,23. = verladen P 26,7. 70,17.
ADN. *schadn* = verladn W 388,9.
AF. *saf* = geschaf P 319,15. W 251,7.
AFFE. *saffe* = schaffe W 355,9.
AFFET. *gaffet* = geschaffet W 399,1.
AFFENT. *saffent* = schaffent W 309,25.
AFT. *gesaft* = geschaft P 817,25.
kraft = âmûrschaft P 439,15. = anehaft P 223,3. = berhaft P 518,11. = botschaft P 101,25. 469,29. 654,9. = bruoderschaft P 470,19. 473,5. = diensthaft P 737,29. = eiterhaft P 736,11. = ellenthaft P 538,17. = erbeschaft W 294,17. = genôzschaft W 159,5. = gereitschaft W 188,11. = geschaft W 1,3. = gesellescbaft L 4,10,13. P 25,11. 57,3. 65,17. 209,7. 239,5. 253,5. 291,17. 301,11. 315,7. 330,17. 381,21. 436,11. 465,7. 542,19. 573,5. 581,5. 643,23. 649,15. 671,3. 680,13. 690,15. 700,21. 712,23. 715,5 743,1. 762,15. 797,25. 803,9. 813,19. W 34,27. 39,15. 149,19. 271,23. 319,29. 339,5. 370,27. 383,29. 454,15. = gevaterschaft P 78,7. = heidenschaft P 15,15. 70,5. 79,5. 94,13. 261,5. 746,15. 817,21. W 44,5. 61,17. 73,13. 415,17. 424,3. 434,17. 435,3. = hêrschaft P 481,3. = kumberhaft W 455,23.

= riterschaft P 5,27. 12,5. 20,17. 49,1. 82,5. 91,1. 92,5. 93,21. 96,27. 97,25.
105,27. 112,19. 117,27. 123,5. 126,11. 150,25. 168,21. 177,25. 187,7. 214,17.
229,15. 269,7. 280,23. 284,17. 342,7. 356,15. 431,27. 479,21. 480,11. 495,25.
520,27. 524,13. 558,21. 559,5. 632,9. 637,17. 663,29. 666,19. 757,7. 826,7.
W 18,13. 22,9. 33,27. 47,3. 89,27. 94,19. 97,7. 150,27. 156,25. 171,5.
178,29. 185,21. 210,27. 223,13. 225,5. 234,25. 239,29. 267,3. 298,7. 301,11.
350,9. 391,3. 396,5. 412,13. = schadehaft W 421,29. = schaft P 66,19.
154,27. 174,21. 294,9. 379,5. 385,7. 443,25. W 241,25. = sigehaft P 265,7.
= werbaft P 207,9.
künehaft = riterschaft W 141,27.
riterschaft = unkraft P 506,23.
schaft = geselleschaft P 687,25.
überkraft = geselleschaft W 243,3. 329,5. = heidenschaft W 458,9.
AGE. *bejage* = klage P 600,15. = tage W 422,5.
jage = tage P 684,13.
klage = endetage P 337,13. = hage P 172,17. = suntage W 68,3. = tage
L 4,20. 5,34. 8,22. P 81,5. 95,29. 189,15. 252,25. 326,5. 383,29. 447,13.
460,21. 485,1. 490,3. 574,13. 581,17. 588,7. 610,21. 649,9. 698,13. 755,1.
795,13. W 4,25. 62,21. 121,15. 136,27. 166,7. 186,1. 198,17. 199,7. 215,1.
347,15. 447,7. 450,11. 454,25. = trage P 24,19. 329,23. 442,5. = verdage
W 299,11.
sage = jage W 28,1. = karfritage P 470,9. = klage P 194,11. 402,5.
480,19. 497,1. 648,29. W 69,17. 150,11. 247,17. 287,9. = tage P 501,11.
668,27. 759,29. 778,13. 816,7. W 13,3. 184,5. = trage P 734,5. = verdage
P 620,11. = zage W 185,15.
slage = bejage P 537,29. = tage P 618,5. W 54,7.
trage = entsage P 199,7. = gesage P 612,23.
zage = bejage P 419,5. = klage W 107,11. 172,15. = tage W 181,17.
303,13. = trage P 248,29. W 161,7. 184,15.
AGEL. *hagel* = nagel W 54,23. 332,3. = zagel P 2,19. 72,21. 297,11.
AGEN. *gesagen* = verdagen P 653,5.
getragen = erslagen W 8,13. = geslagen P 807,15. = ungetwagen P 487,1.
jagen = beklagen W 58,27. = entsagen W 117,9. = sagen W 123,25.
klagen = bejagen P 606,13. = dagen P 587,9. = erslagen P 499,21. W
45,27. 80,13. 124,17. 180,15. 336,25. = gesagen P 11,3. W 93,25. = geslagen P 215,7. 276,13. 739,17. W 88,23. 99,7. 164,11. 400,7. = getragen
P 229,1. 298,3. 306,15. W 201,27. 290,13. = tragen P 91,9. 190,7. W
170,13. 196,23. = verdagen P 740,1. = versagen P 405,27. = verzagen
W 173,17. = zagen P 558,11.
sagen = bejagen P 745,17. = beslagen P 40,27 = durchslagen P 203,15.
= erslagen P 267,19. 483,7. W 81,11. 206,19. 462,15. = geslagen P
135,25. 273,1. 668,19. 799,17. = getragen P 23,1. 32,29. 357,17. 628,17.
773,29. 790,19. W 73,5. 262,7. = klagen P 158,21. 215,3. 313,27. 373,5.
399,1. 556,17. W 53,13. 76,23. 233,11. = tagen P 785,23. = tragen P
237,21. 370,23. 403,11. W 28,19. 48,3. 127,19. 340,11. = verdagen P 556,27.
608,3. W 144,25. 153,5. 284,1.

tagen = gesagen P 652,23. = geslagen W 197,7. = getragen W 451,1. = klagen E 7,39. = übersagen W 110,7.
tragen = bejagen P 302,23. 587,1. = beslagen P 252,5. 256,13. W 195,29. = durchslagen P 390,25. = entsagen P 179,5. W 171,7. = erslagen P 26,29. 50,29. 141,1. W 42,15. 60,23. 88,1. 204,5. 465,21. = gesagen W 45,17. = geslagen P 15,1. 257,19. L 4,9,12. = verzagen P 281,3. 321,23. = wagen P 341,13. 465,5.
vertragen = erslagen W 75,29.
verzagen = erslagen P 204,25. = gesagen W 376,11. = jagen P 415,3.
wagen = getragen W 152,1. = sagen W 37,3. = tagen W 209,1.
AGENDE. *klagende* = bejagende W 170,1. = jagende T 132.
AGENNE. *sageñe* = bejageñe W 78,7. = klageñe W 450,13.
AGENT. *jagent* = verzagent P 2,9.
tragent = bejagent P 468,29. 481,13. 523,17. = wagent P 337,29.
AGER. *mager* = zager P 184,13.
AGET. *gesaget* = bejaget W 42,7. = jaget P 241,11.
maget = geklaget W 190,1. = gesaget P 713,21. W 192,19. = klaget W 231,9. = saget W 272,19. = verklaget P 190,1.
unverzaget = bejaget W 264,7. = saget P 10,29. 12,3.
AGETE. *behagete* = unverzagete W 194,1. 295,19.
bejagete = ensagete P 627,1. = sagete P 165,21. = versagete P 607,9. = verzagete P 52,13. W 332,13.
jagete = entsagete W 57,21. = unverzagete W 82,15. = verzagete W 294,3.
klagete = jagete P 622,29. W 8,3. = sagete P 557,23. 615,23. W 92,21. 198,3. 286,29. 289,11. = undersagete W 265,25. = verzagete P 574,3.
sagete = behagete W 128,1. = enklagete W 259,17. = jagete P 400,1. = unverzagete W 118,19. 226,25. 236,23.
unverzagete = entsagete W 70,23. = jagete W 444,23. = widersagete W 327,13.
AGN. *bejagn* = zagn P 511,19.
erslagn = bejagn P 607,25. = jagn W 118,15. = versagn P 150,23. = verzagn P 752,17. = zagn W 448,21.
fragn = verklagn P 420,3.
gesagn = geslagn P 152,27. = verdagn P 555,5. = verzagn W 379,21.
getragn = erslagn W 67,19. = geslagn W 277,5. 412,25. = öwenzwagn W 275,15. = tagn P 788,23.
klagn = bejagn P 334,25. 468,11. 506,27. 600,27. 615,7. = betagn W 101,29. 254,7. = durchslagn W 421,21. = erslagn P 425,27. 430,7. 480,1. 613,25. 615,27. 697,5. W 148,11. 341,13. 374,15. 411,3. = gesagn P 488,5. = geslagn P 304,9. = getragn P 109,1. W 133,3. 168,9. = jagn W 116,19. = sagn P 139,23. 343,15. 360,5. 433,5. 650,11. 805,3. W 412,11. 453,29. = tagn P 733,29. W 289,1. = tragn P 93,3. 111,13. 137,27. 633,17. 641,9. 642,21. 812,29. W 312,13. 338,21. 409,1. 277,29. = versagn P 126,21. = verzagn P 460,1.
sagn = bejagn P 510,13. 556,7. 585,5. 692,27. = durchslagn W 384,23. = erslagn P 139,5. 609,5. W 432,19. 412,21. = gedagn P 253,17. 735,13. = geslagn W 400,15. = getragn P 98,15. 621,27. 637,3. W 377,11. = tagn

P 554,27. 638,19. = tragn P 22,19. 54,13. 55,9. 121,7. 172,29. 657,3. 669,3. 801,21. W 292,29. 392,3. = unerslagn P 412,13. = verdagn P 696,29. = vertragn P 618,25. = verzagn W 138,11. 149,17. = zagn P 73,9. W 268,29.
tragn = bejagn P 517,1. 537,23. 545,17. 820,15. W 331,15. 334,15. = beslagn P 99,13. = entsagn P 324,23. = erslagn P 160,7. 475,21. 726,11. W 396,27. 424,17. = gedagn W 399,19. = geslagn P 61,13. 68,9. 70,29. 126,27. 152,17. 221,19. 347,11. 385,19. W 295,1. = getwagn P 172,1. = magn P 201,13. = reslagn P 578,29. = verdagn P 631,27. = versagn P 323,29. W 295,25. = wagn W 315,29. = widersagn P 332,7. 348,19. 798,19. = zerslagn P 270,15. 560,29. 702,19.
verzagn = entsagn W 217,13.
AGNT. *tragnt* = ragnt P 123,29.
AGT. *bejagt* = beklagt P 510,29. = gesagt P 381,9. 535,15. 559,15. W 207,25. = sagt P 269,9. W 454,9. = verzagt P 433,17. 411,25. W 292,17.
gesagt = bejagt P 349,23. = geklagt P 365,19. = tagt W 285,23. = verzagt W 365,11.
magt = behagt P 178,9. = bejagt P 343,27. = geklagt P 152,15. 179,3. 252,11. 335,5. 317,15. 636,7. 711,29. 715,21. 718,23. W 160,3. = gesagt P 97,11. 125,5. 189,21. 192,3. 276,1. 330,25. 333,11. 402,21. 403,23. 423,11. 464,13. 552,25. 631,21. 792,13. 795,7. 801,13. 806,23. 809,9. W 284,11. = klagt P 606,27. 609,7. 726,13. = sagt P 95,27. W 62,3. = unverzagt P 182,17. 325,25. 331,19. 703,15. W 31,9. = verdagt P 550,15. 632,13. 692,15. = versagt P 397,17. = verzagt P 122,19. 255,3. 414,17.
sagt = geklagt W 363,13. = klagt W 23,15. = verdagt P 464,5. W 428,3.
unverzagt = bejagt P 263,25. 389,17. 584,27. 594,5. W 411,13. = beklagt W 19,15. = gejagt P 543,13. W 440,7. = geklagt W 106,27. = gesagt P 60,21. 426,11. 502,27. 564,25. 725,19. 746,13. 759,19. W 16,1. 112,5. 209,27. 267,19. 318,13. 431,25. = jagt P 65,27. = klagt P 462,9. 526,17. = nachjagt W 458,21. = sagt P 97,27. 609,15. = verdagt W 372,5. = versagt P 582,7. = widersagt P 262,15.
versagt = geklagt P 720,9.
verzagt = bejagt W 159,7. = geklagt W 193,9. = gesagt P 126,5. 164,9. 343,11. 447,29. = jagt P 338,9. 340,7. 649,29. W 435,13. = sagt P 120,21. 381,29. W 213,13. = widersagt P 300,25.
AGTE. *bejagte* = tagte P 703,9. L 7,2. = unverzagte W 241,23. 322,1. L 7,3.
jagte = unverzagte P 138,3. = versagte P 391,21.
klagte = jagte P 433,11. = versagte P 708,5. = verzagte P 268,9.
sagte = bejagte P 453,3. 460,7. 481,23. 498,5. 695,19. 761,9. = jagte P 105,11. = klagte P 131,11. 277,21. 361,15. = verzagte P 159,21.
verzagte = ensagte P 360,21.
AGTEN. *jagten* = verzagten P 125,17.
klagten = bejagten W 21,27.
AGTES. *bejagtes* = verzagtes P 489,15.
AHT. *Eheunaht* = maht P 503,15.
Verguhaht = Bogudaht P 772,17. = geslaht P 796,9. = maht P 410,13. = naht P 400,5. = slaht P 411,5.

geslaht = ervaht W 421,5. = maht P 518,9. W 441,17. = pfaht W 182,19. = vaht P 717,21.
maht = ervaht W 361,27. = vaht W 105,13. 418,17.
naht = geslaht P 242,21. 776,1. W 164,17. 193,19. = iuwelnhaft L 5,20. = maht P 376,1. 484,1. 493,5. 550,23. W 2,9. 103,21. 316,13. 404,7. 451,29. = slaht W 282,5. 377,17. = unmaht P 35,19.
AHTE. *ahte* = phahte W 434,7. = slahte P 565,19. W 448,5. T 49. = undertrahte W 265,15.
AHTEN. *erahten* = betrahten W 256,3.
AL. *al* = erschal W 397,7. = kerzstal P 34,25. = nôtstal W 391,23. = sal P 393,13. = schal P 45,9. 90,7. 192,23. 284,23. W 304,19. = stal P 86,13. = tal P 362,17. W 58,3. 295,7. 328,1. 392,7. 422,27. = val P 144,25. W 251,29. = wal W 72,5. 462,17. = zal P 326,9. 460,25. 721,11. 808,29.
schal = erhal P 63,5. 627,19. W 40,3. = nahtegal W 136,7. = qual P 769,11. = stal P 73,17. = swal P 35,27. = tal P 273,9. W 212,23. = überal P 705,15. = val P 182,1. = wal W 445,21.
tal = bal W 85,23. = nahtegal L 7,21. = smal W 314,11. = ungeval W 45,23. = val P 602,9. W 327,15. = wal W 109,23. 429,3. 458,3. = zal W 10,11. 51,3.
val = bezal P 330,19. = flühtesal P 117,13. = kerzstal P 232,19. = marstal P 458,29. = sal P 489,9. = überal W 306,11. = zal W 218,11. 405,1.
wal = erhal W 447,5. = sunderzal W 206,23.
zal = erhal W 429,5. = sal W 83,13. = smal P 433,21. = stal P 340,15. = wal W 322,29. 461,19.
ALC. *marschalc* = balc P 183,19. 200,23. = zobelbalc P 18,7.
ALKEN. *schalken* = gewalken W 397,1.
ALDE. *Arnalde* = balde W 123,13.
alde = balde W 160,1. = ribalde P 341,25.
walde = alde P 348,29. W 407,11. = balde P 124,23. 281,27. 339,25. 525,25. 735,5. 804,7. T 157. W 214,5. 271,21. = behalde P 351,21. = manecvalde T 143.
ALDEN. *Isalden* = walden P 187,19.
Tybalden = einvalden W 354,23.
halden = alden P 43,13. = gespalden P 603,9.
walden = behalden P 54,5. 606,3,25. 623,27. 701,27. = gehalden P 66,27. = halden P 670,9. 678,17. = umbehalden P 682,1.
ALDENT. *gehaldent* = kaldent W 309,23.
ALLE. *alle* = schalle P 147,29. 620,25. 662,5. 764,23. W 143,29. 316,17. 359,27. = valle P 38,27. 596,19. 789,3.
schalle = balle W 187,27. = gevalle L 4,38,41. = stalle P 487,25.
ALLEN. *allen* = gevallen P 270,13. 641,19. = missevallen W 131,15. = vallen W 189,11.
gevallen = vervallen W 60,27.
nôtgestallen = gallen P 463,5. = vallen W 308,9.
schallen = erwallen W 400,21. = gallen P 317,25. = vallen W 71,9.
vallen = wallen W 156,1.

ALM. *Willalm* = galm W 17,23. 40,7. 129,21. 165,29.
  Willehalm = galm W 4,13.
  galm = halm P 379,15.
ALME. *galme* = halme W 390,27.
ALN. *taln* = bezaln W 225,17.
ALP. *kalp* = vaterhalp P 454,1.
ALSCH. *valsch* = walsch P 357,7.
ALT. *Arnalt* = gevalt W 118,21. = gewalt W 115,25.
  Patrigalt = walt P 66,23. 805,21.
  Tybalt = bezalt W 100,15. = engalt W 8,1. 10,15. 80,11. = gevalt W 75,7. 121,1. 183,21. = gewalt W 11,7. 43,7. 93,5. 97,15. 252,11. 260,19. = gezalt W 151,5. 342,7. = kalt W 150,17. = walt W 220,11. 235,21.
  alt = balt P 93,15. 397,1. = bestalt W 111,21. = bezalt P 346,3. 576,29. = bltalt P 313,11. = enkalt P 227,17. = gevalt P 292,1. W 431,21. = gezalt W 185,5. = kalt P 238,15. 817,7. = manecvalt W 315,1. = ungezalt P 794,1. W 126,27. = walt P 372,5. 446,9.
  balt = beschalt P 319,13. = bezalt P 267,1. = drizecvalt P 213,3. = enkalt P 167,11. 365,17. = gestalt W 326,5. = gewalt P 26,5. 43,7. 264,19. 293,5. 461,23. W 317,29. = kalt P 285,9. = walt P 117,7. 339,15. 397,25. 435,3. 534,11. 601,13. 747,15. 820,27.
  enkalt = geschalt W 147,11. = schalt W 152,29.
  galt = bezalt W 202,25. = gezalt W 305,21. = pltalt P 235,9. = zwivalt P 231,9.
  gevalt = bezalt P 45,13. 98,23. 135,3. 305,5. W 242,11. = galt P 664,21. W 46,25. 414,3. 410,7. = gewalt P 21,23. = gezalt P 197,17. = shenescalt P 295,17. = ungezalt W 79,11. 107,7. 325,13. 340,27.
  gewalt = bezalt P 257,29. 321,7. = einvalt P 689,27: = gestalt L 9,20. = gezalt W 211,11. 371,27. = manecvalt P 441,15. 658,25. W 448,9. = palt P 364,3. W 216,25.
  kalt = gestalt P 449,3. = gezalt P 659,19.
  ribbalt = scheneschalt P 296,17.
  ungezalt = z'alt W 203,13. = erschalt W 225,13. = manecvalt P 357,5. = ribbalt P 360,25.
  walt = bezalt W 117,13. = galt P 2,21. = gevalt P 73,7. 282,9. 797,7. W 37,5. = gezalt P 81,9. 436,29. = kalt P 449,15. = manecvalt W 393,23. = scheneschalt P 290,23. 304,17. = ungezalt P 427,3. 665,15. W 58,5. 372,11.
ALTE. *alte* = gewalte P 581,9. = stalte W 237,19.
  behalte = sachewalte P 112,17. = walte P 394,9. T 169.
  schalte = verswalte W 404,23.
  valte = bezalte P 60,17. 134,13. 596,27.
ALTEN. *alten* = behalten P 493,27. W 223,21. 427,11. T 26. = halten W 439,13. = valten W 406,5. = walten W 408,15.
  behalten = gespalten P 292,21. = walten P 338,15. 509,23. 530,1. 560,5. 568,1. 746,17. W 231,15. 257,17. 264,9.
  gevalten = erkalten W 419,11.
  valten = erschalten W 276,17.

wallen = lsenhalten W 415,23.
ALTER. *alter* = salter T 87.
AM. *Angram* = nam P 335,19. 384,29. 703,23.
Bertram = genam W 13,17. = gezam W 303,1. = nam W 93,17. 169,9. 328,1. 373,7. 457,27. = vernam W 41,21. 259,23. 414,23. 417,3. = zam W 171,1. 238,15.
Golliam = vernam W 432,21.
gezam = genam P 523,3. = vernam P 714,29. 736,29.
lam = nam P 125,13. 237,7. W 112,19. = vernam P 813,15.
nam = buckeram P 588,15. 800,17. = dictam W 99,23. = gezam P 562,15. 571,15. 581,21. 721,9. 730,9. 807,29. W 114,29. 369,29. = quam P 4,15. = scham W 158,21. = zam L 8,23. P 39,29. 238,25. 744,17. 809,25. W 57,5. 82,7. 133,15. 292,1. 314,1.
stam = benam W 254,15. = lam P 505,9. = nam P 601,25. W 88,11.
zam = alsam W 177,3. = benam W 167,25. = genam P 170,7. = vernam P 160,13. 359,25.
AMBET. *ambet* = verklambet T 8.
AME. *lame* = name W 455,17. = zuoname P 312,27.
name = fiwerrame P 230,9. = schame P 269,11. 303,29.
AMEN. *namen* = schamen P 352,21. 585,23.
AMME. *ame* = wame P 104,11. 113,9.
AMN. *namn* = gezamn P 518,3. = lamn W 148,23. = schamn P 123,9. 134,1. 252,13. 334,15. 775,17. W 101,9. 292,7. 456,1.
zamn = sundernamn W 448,3.
AMP. *lamp* = swamp P 105,21. W 384,25.
AMPF. *kampf* = dampf P 211,19. = klampf P 350,9.
AMT. *genamt* = geschamt P 116,11.
AN. *Herman* = dan W 417,21. = gewan P 297,15. W 3,7.
Taurian = man P 460,19.
an = dan P 21,15. 215,5. 230,27. 236,15. 240,11. 243,7. 459,19. 648,13. 703,25. 726,7. 786,1. W 243,27. 290,1. = dran P 259,9. = entran P 49,27. = gewan P 634,11. 664,17. W 7,19. 53,27. 254,29. = kan W 137,5. 225,27. = man P 78,21. 181,21. 187,27. 190,5. 256,21 (Mähne). 299,3. 415,17. 469,21. 714,19. 733,25. 756,21. 800,29. W 81,25. 157,25. 174,3. 247,1. 296,1. 363,7. = schifman P 546,9. = swan P 257,13. = van P 501,23. W 332,21. 340,17. = versan W 61,21.
began = houbetman W 200,3.
dan = armman P 205,15. = dran W 130,1. 263,11. 270,21. = gan P 226,9. = gewan L 4,35,37. W 209,25. 218,21. 415,11. = gran W 271,23. 256,7. = pan P 282,5. = span P 181,1. = swan P 826,15. = van W 328,5. = verbran W 202,21. = weideman P 397,27.
dran = gran P 244,9. = van P 30,25.
fürspan = bran P 168,19.
gewan = dienstman P 740,21. = dran W 460,13. = entran P 97,1. = fürspan P 170,1. = gan W 262,11. = houbetman P 239,7. = kan W 92,27. 195,9. = schifman P 17,1. = versan P 112,21. 117,19. 258,21. 823,29. W 47,25.

ANC. 11

kan = dienstman P 694,7. 715,29. = entbran W 413,9. = gran W 206,21.
= houbetman W 344,3. = Yrschman P 85,17. = koufman W 124,7. =
verbran P 490,29 = versan W 229,15. = wartman W 233,5.
man = began P 19,19. 54,17. 438,21. W 266,5. 306,29. = bran P 243,27.
= dan P 32,13. 34,13. 59,1. 253,21. 269,23. 345,1. 355,27. 360,3. 449,11.
473,13. 479,27. 487,23. 490,19. 491,13. 495,1. 500,9. 520,19. 525,29. 606,7.
687,29. 713,19. 727,21. 728,9. 737,7. 752,11. 755,3. 764,5. 794,25. 797,5.
799,13. 801,27. 820,19. 821,17. W 42,11. 55,29. 99,9. 112,21. 123,3. 125,3.
136,15. 145,3. 160,17. 165,23. 182,1. 208,21. 213,1. 225,27. 226,13. 282,7.
289,19. 331,23. 390,7. 435,23. 452,1. 467,5. = dran P 42,27. 61,17. 437,11.
512,19. 567,13. W 35,9. 278,21. 297,1. 306,17. = entran P 102,1. 295,19.
788,17. W 198,27. 430,25. = gewan P 15,23. 19,27. 28,1. 72,11. 77,29.
103,11. 209,11. 240,27. 249,9. 272,23. 276,19. 292,5. 326,27. 328,3. 407,5.
419,29. 439,29. 527,15. 648,19. 656,23. 694,17. 708,23. 710,11. 735,3. 795,17.
825,7. W 10,7. 12,11. 47,19. 50,5. 51,7. 65,15. 66,7. 67,15. 78,1. 85,1.
86,29. 111,17. 143,3. 155,5. 217,9. 227,29. 320,25. 410,11. 428,9. 449,11. =
kan P 3,25. 27,1. 62,23. 66,9. 127,21. 152,16. 162,1. 170,29. 178,7. 182,25.
202,3. 263,15. 277,7. 337,23. 348,23. 365,7. 369,3. 376,23. 428,1. 457,27.
476,23. 507,17. 514,7. 568,5. 584,23. 597,17. 613,23. 617,13. 695,1. 697,17.
735,9. 796,23. W 6,3. 94,25. 168,3. 263,1. 310,11. 446,15. 462,9. L 4,14,16.
= swan W 27,1. = versan P 132,11. 229,3. W 305,19. 365,23. = zan P
255,13. 316,19. 517,21.
verbran = entran W 244,25.
versan = koufman W 283,3.
woldan = gan W 90,11. = gewan W 96,23. = wartman W 236,5.
ANC. *Jetakranc* = Zazamanc P 770,27. = blanc W 386,17.
Zazamanc = blanc P 317,9. = danc P 45,11. 68,3. = dranc P 83,3. =
erranc P 756,13. = gedranc P 73,3. = kranc P 52,3. 328,9. 811,15. =
lanc P 17,25. 65,19. 69,1. 79,27. = sanc P 93,29. = twanc P 616,13. =
wanc P 16,1. 62,15.
banc = gedanc P 438,11.
betwanc = erranc P 558,19. = gelanc W 37,17.
blanc = bedwanc P 179,21. = lûtertranc P 244,13. = umbevanc P 778,27.
= widerwanc P 470,7.
danc = betwang P 585,3. = hackebanc W 201,25.
dranc = betwang P 637,9. = dwanc L 1,12,25. = klanc P 196,11. 381,19.
W 171,19. = swanc W 249,13. 410,17. = verswanc P 135,1. 151,29. =
vogelsanc P 118,15. = widerwanc P 417,27.
erklanc = erswanc P 207,15.
gedranc = anehanc P 297,21. = gesanc P 426,15. = planc P 63,25. =
swertklanc W 402,3. = undanc W 140,7. = zespranc W 190,17.
geranc = getwanc W 61,3.
hinganc = widerwanc P 454,11.
kranc = danc P 547,1. W 168,23. = gedanc P 540,5. 584,9. 661,17. =
gelanc P 463,3. = hanc P 520,7. = lanc P 339,23. = lûtertranc P 423,17.
= ranc P 90,13. = sanc P 115,13. 169,15. = swanc P 181,27. 307,29.

ANKE. — ANDE.

W 79,7. 155,25. = umbevanc P 723,9. 801,11. = underswanc P 678,23. = verswanc P 174,17. = wanc P 458,3. 645,1. W 149,27. 176,29.

lanc = ahganc W 41,1. 59,25. = betwanc P 289,17. = blanc P 165,11. W 295,11. = dranc P 176,13. 313,23. 351,3. = gedanc P 329,27. = gedranc W 126,17. = klanc P 39,19. = sanc P 104,3. 553,9. W 286,19. = spranc P 157,27. 211,13. = swanc P 313,17. 517,25. 683,21. = tranc P 132,3. = twanc P 131,13. 192,19. 234,7. 604,11. 641,13. 814,5. W 452,5. L 7,33. = umbevanc P 760,11. = weideganc P 120,11.

ranc = betwanc P 586,1. 657,3. 736,23. W 294,9. = danc P 525,23. = gedanc P 458,7. W 362,21. = swanc W 65,5.

sanc = dwanc L 5,8,11. = enklanc L 7,15. = erklanc P 378,7. = gedranc P 705,1. 802,23. = getwanc P 587,7. = klanc W 31,19.

spranc = blanc P 243,15. = danc P 156,11. 780,3. W 179,7. = dranc P 242,23. = erklanc P 286,27. W 413,1. = erranc P 743,27. = gedanc P 512,1. 541,9. = gedranc P 147,15. 275,7. 395,3. 648,9. W 277,3. = hanc P 577,25. = klanc P 492,17. = ranc P 255,1. W 24,7. = swanc P 120,1. 263,3. 265,15. 490,27. 515,27. 522,25. 542,5. 571,29. 744,19. 801,1. W 276.27. = umbeswanc P 692,7.

swanc = betwanc P 162,15. = blanc W 145,13. = danc P 409,3. 576,19. 788,27. = erklanc P 163,9. 197,27. 294,11. 567,17. W 73,1. 352,13. = gedranc P 153,19. W 114,1. = klanc P 122,7. W 416,29. = zerspranc W 429,21.

tranc = klanc W 176,13. = twanc W 269,17.

twanc = dranc P 649,1. = erranc P 731,5. = gedanc P 301,23. = gelanc W 162,11. 433,19. = ranc P 109,15. 130,27. 549,1. 595,1. = umbevanc W 243,19.

wanc = danc L 10,13. = gedanc P 719,29. W 368,19. = underswanc P 662,1.

ANKE. *kranke* = blanke W 266,3. = danke T 115. = gedanke T 67. = swanke W 190,13. = undanke W 179,29.
wanke = gedanke P 119,27. 462,69.

ANKEN. *blanken* = gedanken P 1,13.
kranken = danken W 186,5. = gedanken P 675,23.
wanken = vanken W 409,27.

ANCTE. *erhancte* = gewancte P 417,27.
erklancte = swancte W 29,23.
sancte = sprancte W 70,19.

ANCTEN. *besancten* = gewancten W 290,15.
dancten = sprancten W 427,13.
entwancten = schancten W 261,23.

ANCTES. *Sanctes* = gewanctes W 93,19. = verhanctes W 419,5.

ANDE. *Brdbande* = lande W 126,13.
Flórande = lande P 628,23.
Triande = lande P 629,19.
erkande = pfande P 306,1. = rande P 43,11. = verswande P 579,19.
helfande = bekande W 203,23. = schande W 79,15.
lande = bekande P 112,3. 382,17. W 377,13. = erkande P 55,27. W 191,13.

= phande P 70,11. = pfande W 459,9. = rekande P 62,1. W 105,29. = sande W 341,9. T 27. = schande P 5,1. 98,9. 121,19. 141,11. 336,21. 529,5. 771,1. W 11,9. 98,21. 173,7. 236,27. 302,25. 437,27. 453,27. T 45. = wande P 824,13. = wlgande P 261,3.
mande = ernande W 42,1.
nande = bekande W 26,23. 239,5. = erkande P 662,15. = sande W 245,23.
sande = bekande P 687,17. = benande P 471,27. T 43. = erkande P 362,21. 668,11. 677,1. = erwande T 136. = schande P 360,9. 404,19. 617,9.
sarjande = bekande P 702,21. = erkande W 225,29. = lande P 183,11. W 185,1. = mahinande P 646,29. = pfande W 116,25.
schande = bande P 532,23. = erkande P 343,3. 364,15. 679,17.
verswande = zetrande P 72,5.
wande = bekande T 149. = erkande P 558,1. 661,1. W 68,29. = rekande P 80,11. = sande P 497,5. = verbrande P 16,17.
ANDEN. *Arficlanden* = Turkanden W 85,3.
Flóranden = landen P 677,15.
Gruonlanden = handen P 48,29.
Huolanden = handen W 455,5.
banden = bestanden W 374,1. = gestanden W 275,9. = handen W 196,29. 403,9. T 167. = landen W 210,29. T 101.
gesanden = geschanden W 292,25.
gestanden = enblanden P 567,3. W 243,25. = wlganden P 706,5.
handen = bestanden P 415,1. = gestanden W 188,13. = landen P 78,13. 473,7. 766,27. W 461,5. = schanden P 338,1. 359,25. 445,1. 461,21. W 46,9.
hellebanden = handen W 219,11. = schanden W 4,17.
houbetschanden = bestanden W 318,7. = landen W 342,29.
landen = enblanden P 231,25. = enstanden T 19. = erkanden P 53,29. = gestanden P 589,9. W 449,27. = schanden P 471,9. 558,27. 656,9. W 339,7. 370,25. = wlganden W 67,29.
sanden = erkanden W 15,13. = schanden W 302,5.
ANDER. , *Alexander* = ander P 773,23. W 427,7.
Lalander = ander P 265,3. = vander P 129,27. 262,3.
Lysavander = ander P 348,17. 380,29.
Schiunatulander = ander P 440,17. T 42. 47. = vander P 138,21. 435,19. T 121.
ander = galander P 550,29. 622,7. = glander P 690,27. 762,29. = salamander P 735,25. 757,3. 790,21. 812,21. W 366,3. = vander P 180,23. 187,29. 459,17. 590,11. W 54,1. 380,7.
ANDERN. *Alexandern* = andern P 586,27.
ANDES. *Arfiklandes* = Turkandes W 371,11.
landes = pfandes P 52,29. 344,23. 558,17. W 90,19. = sandes P 31,27.
ANE. *ane* (âne) = dane P 710,19. 763,5. = (an) dane P 91,5. = vane W 433,13.
dane = mane P 42,23.
vane = bane W 440,11. = dane W 424,21. = mane W 337,19. 341,3.

ANEN. *anen* = manen P 764,9.
  vanen = ermanen W 258,7. = manen P 205,3. 208,15. W 212,17. 298,1. 301,3. 302,7. 333,5. 336,21. 353,9. 363,17. 364,5. 413,9. 432,15. 444,27. = swanen W 356,11. 388,5. 436,21.
ANGE. *lange* = gedrange W 405,11. = stange W 282,17. 318,27. = umbevange P 273,19. = wange W 102,23.
  zange = zange P 114,13.
ANGEL. *mangel* = angel W 174,21. = vederangel T 154.
ANGEN. *Katelangen* = enphangen T 15. = strangen T 165. = umbevangen P 799,27.
  bevangen = gehangen W 386,25. = zeltstangen W 234,7.
  enphangen = begangen W 37,13. 388,11. = behangen W 96,17. = ergangen P 221,7. 401,7. 539,1. 591,21. W 65,25. 259,7. = erlangen P 821,25. = gegangen P 230,21. 360,17. 565,23. 630,29. 650,21. 794,9. W 143,5. 158,27. 188,1. 279,5. = gevangen P 546,29. 673,13. = umbevangen P 47,29. 670,19. = zergangen P 21,3. W 163,29. 212,13.
  ergangen = bevangen P 768,19. = gevangen P 50,23. 357,29. 390,17. 665,3. 716,11. W 50,9. 458,23.
  gehangen = begangen W 288,29. = gegangen P 627,23. = undergangen P 429,1.
  gevangen = erlangen P 218,29. 327,5. = gegangen P 85,7. 199,15. 232,5. 392,21. 393,19. = strangen T 168.
  mangen = enphangen W 222,15. = gegangen P 206,1. = langen W 111,9.
  spangen = erlangen W 401,23.
  stangen = begangen W 388,13. = behangen W 423,17. = ergangen W 327,27. = erlangen W 201,21. 324,27. 418,5. = gegangen W 195,27. 271,29. 275,13. 314,19. = langen W 230,13. = mangen W 227,9. = spangen W 429,29.
  umbevangen = behangen P 60,7. = regangen W 153,23.
  wangen = ergangen P 283,11. = erlangen T 112. = gegangen W 311,5. = zangen P 311,19.
ANGER. *anger* = langer P 162,9. 565,3. = swanger W 392,27.
ANGEST. *angest* = langest T 48.
ANNE. *kane* = phane P 184,23.
  mane = spane P 59,13. 678,27.
ANNEN. *danen* = gemanen T 40. = manen L 6,40. P 223,29. T 78.
  manen = spanen T 65.
ANS. *Alischans* = Vivlans W 40,21. 381,7. 460,1. = dans W 302,13. 329,13. = gans W 398,15. = mans W 55,9. = verbans W 38,1.
  Vivians = gans W 13,21. 62,23.
  gans = dans P 515,13. = flans P 247,27.
ANST. *kanst* = ganst P 647,21. = manst W 90,3.
ANSTE. *panste* = ranste W 65,1.
ANT. *Arfklant* = Turkant W 20,1. 50,3. 311,15. = lant W 255,23.
  Brâbant = bekant P 89,15. = enpfant P 826,1. = gesant P 829,27 = hant P 73,29. 85,19. = lant P 67,23.
  Brubant = Olifant W 447,1. = bekant W 372,19. = benant W 179,13.

397,11. = erkant W 328,19. = hant W 169,5. 170,23. 329,9. 433,11. = umbekant W 456,27. = vant W 236,25. 260,11. 409,13. = want W 263,21.
Engellant = Wizsant P 61,27. = erkant P 663,17. = hant P 735,15.
Flôrant = enpfant P 730,5. = erkant P 669,21. 670,27. 762,21. = genant P 630,11. = vant P 653,15. = verswant P 634,21. = zebant P 641,21. 671,13.
Girant = hant W 425,25.
Gorhant = Indiant W 41,15. = Pozzidant W 98,1. 396,11. = lant W 35,11.
Hernant = lant P 25,3.
Jasserant = zetrant W 442,7.
Karnant = Lalant P 327,23. = erkant P 277,19. 336,9. 337,17. = hant P 134,15. 253,29. 279,13. 305,19.
Korsant = erkant W 97,19. = hant W 349,19. = zehant W 387,19.
Kukûmerlant = besant P 204,1. = gesant P 221,29. = hant P 145,29. 154,11. 156,13. 159,29. 475,9. = verswant P 498,15.
Lalant = bekant P 646,9. = gesant P 206,11. 283,25. = hant P 218,13. 307,25. 310,9. 326,39. = schenescblant P 151,21. 153,1. = vant P 187,15. 217,29. 305,13. 314,13. 332,19. = zehant P 275,13. 278,9.
Larkant = erkant W 49,1. = hant W 436,15. = lant W 398,25. 439,3. = pfant W 458,25. = zehant W 59,21. = zetrant W 40,19.
Morhant = zehant W 46,21.
Môrlant = unbekant W 125,13.
Nârant = Ukerlant P 205,13. 652,19. = erkant P 682,29. = sarjant P 210,13.
Nubiant = Larkant W 425,21. = bant W 415,21. = bekant W 414,29. = erkant W 425,7. = bant W 358,23. = lant W 416,5. = vant W 432,5.
Oquidant = vant W 356,9.
Pozzidant = benant W 351,13. = lant W 35,3. 94,11. = vant W 395,5.
Radamant = erkant P 463,11.
Rubiant = hant W 27,9.
Ruolant = vant W 250,17.
Samirant = Oukidant W 359,1. 413,27.
Sârant = genant P 629,17. = hant P 808,5.
Tervigant = bant W 44,25. = benant W 18,27. 20,11. = erkant W 11,15. 110,29. 291,21. 339,9. = genant W 449,23. = geschant W 106,7. = hant W 310,1. 358,11. = lant W 17,19. 351,29. = vant W 399,5.
Triant = bevant W 63,15. = hant W 444,13. = vant W 59,13. 447,15.
Turkant = lant W 206,13.
Vridebrant = gemant P 70,15. = gesant P 58,7. = lant P 16,15. 25,19.
Yrlant = gerant P 82,11. = phant P 67,19. = vant P 455,11.
bant = enphant P 76,25. = gesant W 314,3. = unbekant P 320,9. = unrekant P 398,5. = verswant P 311,25. = want P 587,23. W 154,15. = zehant W 61,27. 82,5.
bekant = genant 251,1. W 3,9. 141,21. 333,7. = gerant P 674,5. = gesant W 7,9. 204,17. = gewant W 212,23. = Iserobant W 461,17. = mant W 16,21. = vant P 453,11. W 247,29. 334,5. = verswant P 255,25. = want W 280,3.

benant = bekant P 468,13. 470,21. 796,19. W 15,23. 112,23. 296,27. 369,3. = brant W 289,9. = erkant P 599,19. 746,19. 765,21. W 18,11. 45,21. 99,25. 462,3. = gemant W 71,27. = gesant W 297,9. 302,3. = = sunderlant W 30,5. = ungeschant W 256,7. = zehant W 437,7.
bevant = jachant W 188,25. = umbekant W 183,29.
erkant = bant 219,3. = erwant P 122,1. = genant P 325,3. 747,23. 767,9. W 73,7. 237,3. = gesant P 527,3. 645,21. 653,27. 656,13. W 330,1. 331,25. = gewant P 12,19. 695,15. 758,21. = jâchant P 233,19. = kamergewant P 669,5. = sunderlant W 461,9. = vant P 127,5. 748,5. 775,25. 778,11. 810,1. 811,1. = verbrant P 312,9. = verswant P 596,15. = want P 636,19. = wîgant P 252,9.
ermant = gebant W 38,27. = genant W 152,15. = pant P 443,13. = sant P 679,27. = ungeschant W 201,9. = zetrant W 353,3.
gebant = reisegewant P 807,27.
genant = gemant P 195,7. = unbekant P 447,23. W 205,29. = unrekant P 620,3.
gerant = bekant W 70,15. = enphant P 155,15. = gewant P 66,5.
gesant = benant W 352,27. = berant W 188,25. = bevant P 822,17. = bewant P 42,17. = erkant P 709,21. = gemant W 224,21. = schürbrant P 588,19. = überwant P 41,19.
geschant = gemant W 121,9. = gerant P 284,21. = gesant W 321,3. = verbrant W 288,1.
hant = bant P 44,3. 59,11. 61,25. 165,13. 256,7. 281,3. 299,5. 521,21. 575,17. W 3,19. 91,13. 127,11. 423,21. = bekant P 48,23. 224,21. 322,19. 332,11. 417,5. 418,21. 442,9. 454,7. 468,23. 473,29. 542,29. 544,29. 557,11. 568,7. 688,25. 689,21. W 69,3. 78,21. 90,25. 131,17. 143,19. 145,19. 156,21. 287,3. = benant P 24,23. 294,15. 316,7. W 32,27. 262,17. 298,5. 307,11. 353,11. 405,15. = brant W 261,7. = erkant P 1,27. 31,1. 32,21. 270,9. 301,9. 314,1. 341,9. 381,13. 382,7. 394,17. 459,25.. 487,7. 502,7. 521,3. 527,21. 633,29. 635,5. 647,13. 658,15. 665,11. 676,21. 678,7. 685,13. 692,9. 706,9. 707,21. 710,27. 722,29. 729,9. 759,7. W 87,7. 214,21. 331,1. 363,5. 435,5. = ermant P 232,3. 240,5. = erwant P 708,17. W 410,19. = gebant W 291,7. = gelant P 41,27. = gemant P 821,5. = genant P 303,23. W 135,17. 413,19. = gerant P 756,3. = gesant P 76,5. 226,27. 510,9. 551,15. 605,5. 629,1. 634,7. 712,25. 713,11. W 88,13. 124,29. 376,23. = geschant P 412,29. = gewant P 9,7. 65,7. 78,27. 148,15. 202,11. 340,27. W 147,25. 169,7. 325,3. 412,27. = krâmgewant P 616,15. 623,25. = lant P 8,7. 13,13. 22,1. 26,17. 42,29. 43,21. 45,25. 49,21. 51,27. 53,7,15. 72,3. 77,1. 111,29. 128,5. 220,13. 302,9. 324,25. 331,11. 346,29. 420,13. 422,27. 494,7,29. 519,3. 544,1. 564,7. 594,7. 603,13. 606,9. 625,15. 659,3. 699,13. 701,5. 737,1. 745,29. 750,15. 777,3. W 21,7. 43,19. 52,21. 103,9. 178,3. 220,29. 221,5. 222,23. 250,23. 269,7. 309,15. 422,11. 453,9. 455,25. = pfant P 7,7. 86,17. 185,17. 209,29. 212,13. 269,15. 444,9. 465,27. 502,17. 615,25. 807,19. 833,9. 850,17. 785,17. W 134,7. 322,7. 368,1. 373,11. 380,1. 388,23. 430,27.
hant = rant P 389,29. 478,23. 704,3. = sarjant W 316,27. = scheneschlant P 195,15. 197,21. 203,19. 214,13. = serpant P 276,9. = türbant P 151,25.

= unbekant P 512,17. 589,15. W 130,5. 241,29. = underwant P 146,21.
= unrekant P 666,7. = vant P 23,19. 36,9. 44,17. 76,15. 77,19. 101,1.
104,7. 115,5. 123,25. 130,25. 152,13. 201,11. 228,29. 229,11. 238,13. 248,11.
254,21. 283,1. 288,19. 361,25. 391,7. 460,5. 472,5. 480,5. 526,7. 563,9.
569,17. 641,27. 714,21. 733,27. 764,21. 800,15. 807,1. 818,25. W 13,13.
81,13. 99,21. 138,21. 202,5. 259,11. 276,21. 421,23. 450,1. 456,9. 464,7.
= verbrant W 109,27. 194,29. = verswant P 106,5. 208,9. 372,11. 384,5.
572,19. W 389,29. = want P 24,1. 231,21. 280,21. 455,27. 458,13. =
zetrant P 535,19. W 24,21. = zinslant W 34,13.
lant = bant P 97,3. 202,25. W 95,19. = bekant P 225,19. 285,23. 434,11.
590,7. 769,27. 803,3. 814,15. 822,5. W 8,7. 9,19. 73,9. 116,5. 147,1.
172,11. 224,1. 258,17. = benant P 781,19. 786,7. W 342,5. 345,7. =
bisant W 256,19. = enphant P 786,23. W 253,3. = erkant P 10,1. 103,5.
209,21. 258,3. 328,17. 478,27. 592,3. 618,3. 624,11. 660,9. 730,17. 822,29.
W 4,5. 36,13. 107,15. 134,15. 312,17. 335,11. = ermant W 181,1. = genant P 6,27. 108,5. 189,19. 241,3. W 283,19. 328,29. 369,27. = gesant
P 37,17. 70,3. 81,25. 87,11. 495,11. 525,15. 644,13. 767,19. 827,9. W 19,21.
22,11. 36,25. 361,9. = geschant P 314,25. W 182,25. = gewant P 11,7.
225,9. 776,11. W 85,13. 137,27. 433,25. = Isernbant W 294,13. = mant
P 90,23. = phant P 62,19. 415,13. = rekant P 50,25. 85,13. = scheneschlant P 194,15. 204,7. 206,5. = swant P 479,23. = unbekant P 548,9.
= unverbrant W 245,27. = vant P 83,13. 162,13. 499,3. 514,27. 534,19.
586,9. 596,11. W 102,13. 229,1. 245,9. 347,5. 452,15. 467,7. = verbrant
P 205,29. = want P 354,7. = wigant P 5,23. 12,15. 145,13. 602,27. W
83,23. = zebant W 462,19.
pant = krâmgewant P 531,11. = verswant P 260,11.
phant = bant W 299,1. = bekant P 597,3. 742,19. W 402,11. = benant
W 47,11. = erkant P 22,17. 365,3. = genant P 393,3. = gerant P 699,3.
= sarjant P 214,21. 520,23. 625,3. 637,7. 681,19. 721,13. W 170,17.
190,23. 195,23. 197,3. 198,19. 230,15. 272,1. 273,1. 304,25. 311,27. 315,25.
= swant W 162,19. = vant P 54,19. 139,11. 300,1. 399,13. 602,3. =
verswant P 356,5. = want P 318,5. 411,9. = zehant P 68,5. 142,29.
323,3.
tulant = erwant W 197,9. = vant W 316,7.
überwant = unbekant P 637,19.
vant = bant P 20,13. 40,19. 70,21. 288,29. = bekant P 352,3. 357,27.
588,27. W 314,15. = benant W 406,27. = brant W 318,29. = erkant
P 133,3. 223,5. 271,25. 657,15. W 440,13. = erwant W 231,23. = gebrant P 540,25. W 232,7. = gesant P 111,1. 457,9. W 233,29. 255,19.
= gewant P 136,29. 164,17. 232,23. 783,21. W 249,13. = Isernbant W
457,29. = mañeshant P 55,17. = nasebant W 408,7. = pant P 90,29.
= umbenant W 32,9. = unbekant W 125,5. = valscheitswant P 296,1.
= verbrant W 231,21. = verswant P 100,9. 117,1. 654,23. W 39,1.
60,17. = want P 173,15. 229,27. 268,27. W 275,1. = wigant P 106,17.
215,19. = zehant P 20,29. 163,17. 353,3. 369,9. 491,19. 779,17. W 245,15.
verbant = houbtgewant P 507,21.
verslant = enwant P 42,11.

want = brant W 286,3. = gebant P 437,13. = gerant P 466,21. = gesant W 311,13. = verswant P 584,17.
wigant = gewant P 245,23. 588,11. = hant P 39,1. 251,7. 438,1. 459,9. 510,1. = underwant P 217,1. = want P 553,3. = zehant P 456,23.
zehant = bant W 286,13. = gebant P 96,1. = gerant W 71,7. = krâmgewant P 360,15. = scheneschlant P 219,11. = verswant P 375,23. W 49,27.

ANTE. *bante* = mante P 80,21.
bekante = ungenante P 383,25.
ernante = erkante W 460,9. = sante W 279,19.
erwante = blante P 217,3. = sante W 105,13.
genante = gemante T 57.
nante = bekante P 644,29. 782,1. W 92,15. = erkante P 407,13.
sarjante = mahinante P 662,27. 794,3. W 186,15.
schante = mante W 91,25.
wante = bekante P 249,21. = erkante W 104,11. = sante W 116,29.

ANTEN. *bekanten* = ernanten W 145,23. = nanten P 688,17.
erkanten = ernanten W 323,9.

ANZ. *Addanz* = ganz P 56,9.
Alyschanz = ganz W 12,19.
Gramoflanz = Gurnamanz P 445,23. = ganz P 586,23. 605,23. 608,13. 631,19. 634,25. 650,13. 717,5. 729,25. 765,21. 785,1. = glanz P 718,29. 725,3. 765,9. = kranz P 603,29. 604,21. 613,29. 632,27. 664,13. 679,15. 683,3. 691,17. 696,25. 701,1. 703,3. 706,13. 728,11.
Gurnamanz = ganz P 165,7. 188,15. 330,3. = glanz P 486,17. = schranz P 189,17. 239,11.
Gwigrimanz = Jozzeranz W 151,23. = ganz W 14,19.
Joseranz = Meilanz W 14,25. 93,15.
Karnahkarnanz = ganz P 121,25. = glanz W 271,19. = kranz P 122,13.
Marlanz = ganz W 351,5. 396,27. = glanz W 393,27.
Meljacanz = Gurnamanz P 356,21 = ganz P 386,23. = kranz P 343,25.
Meljanz = ganz P 360,1. 365,11. 392,1. = kranz P 394,11.
Morgôanz (Morgôwanz) = ganz W 32,17. 288,17.
Plineschanz = Jeroeganz P 772,11.
Vivianz = Alyschanz W 53,11. 60,11. 65,17. 93,3. 120,19. 151,11. 164,27. 171,13. 223,23. 306,21. 334,11. 363,11. 396,25. 443,1. 454,11. = Gwigrimanz W 93,9. = Joseranz W 45,1. = ganz W 168,1. 418,23. = glanz W 22,29. 380,15.
glanz = ganz P 476,7. 551,29. 592,13.
kranz = ganz P 117,11. 260,7. 461,12. 601,15. 693,15. W 357,27. = glanz P 600,19. 612,15. W 86,3. 292,11. = tanz P 436,21.
tanz = ganz P 242,5. 639,9. = glanz P 641,1. W 128,19.

ANZE. *Franze* = lanze P 76,13. W 330,19. = schanze P 88,3. W 415,15.
Gurnamanze = flanze P 198,3.
Jôflanze = flanze P 611,1. = kranze P 610,23.
Meljanze = kranze P 419,17.
flanze = lanze P 38,5. 134,17. W 67,3. 105,1.
glanze = ganze T 89. = kranze P 603,23.

schanze = lanze W 368,23.
tanze = ganze P 571,3.
ANZEN. *Vivianzen* = glanzen W 408,25.
lanzen = ganzen P 183,13. W 383,5. = swanzen P 681,21.
AP. *Hülap* = gap P 15,19.
buochstap = gap W 406,21. 464,23. = urhap P 115,27.
gap = hap P 785,25. = grap P 107,13. 494,21. 805,1. W 450,3. = stap P 545,27. W 263,13. = urhap P 141,21. 239,23. 378,23. 392,29. 435,15. 690,21. 809,15. W 197,5. 250,17. 284,13. 324,21. 350,5. 377,19. 418,27. = walap P 211,3. 295,9.
APFTE. *stapfte* = kapfte W 83,29.
APPE. *knappe* = trappe P 149,25.
AR. *Kaspar* = war W 307,7.
Tafar = gar W 74,3.
adelar = küchenvar W 189,1.
dar = anderswar P 225,23. 442,17. = ar P 407,1. = bar P 333,29. = bewar P 389,13. W 181,29. = gar P 199,5. 254,3. 350,3. 468,19. 497,17. 572,15. 763,9. W 103,25. 126,11. 146,13. 239,25. 276,19. 289,15. 360,13. 366,7. 395,29. = gebar P 47,3. = var P 16,19. 321,21. 617,17. 633,27. W 116,3. = balsemvar P 804,29. = harnaschvar P 588,13. W 229,25. = snêvar P 552,19. 757,1. = war P 18,1. 33,13. 50,19. 81,29. 148,21. 167,21. 174,27. 226,3. 237,19. 294,7. 300,11. 387,11. 398,27. 403,5. 503,13. 566,3. 575,1. 576,3. 667,23. 718,5. 802,11. W 33,9. 49,4. 54,1. 89,9. 119,27. 122,13. 129,9. 133,19. 161,17. 184,19. 187,29. 195,21. 203,1. 263,25. 274,7. L 5,17,19.
ervar = hâlschar W 233,7.
gar = aldar P 584,7. = bar P 300,15. W 69,27. = gebar P 476,29. W 132,25. 144,23. 271,7. = getar L 4,24,26. = snar W 400,19. = sunderschar W 372,1. = var P 1,11. 14,21. 22,23. 23,11. 120,25. 138,25. 186,1. 483,3. 698,1. 755,7. W 127,29. = bluotvar W 385,29. = harnaschvar W 3,17. 227,17. = rabenvar W 386,15. = snêvar W 20,23. = trachenvar W 368,23.
gevar = aldar P 721,21. = bar P 146,7. 781,5. L 9,37. = dar P 22,7. 51,23. 55,1. 69,5. 75,13. 85,1. 173,25. 186,29. 228,9. 230,23. 235,1. 236,27. 241,17. 245,5. 274,23. 301,17. 303,7. 310,1. 311,13. 312,15. 324,5. 332,21. 335,13. 364,27. 373,16. 375,19. 395,21. 404,21. 426,23. 437,19. 494,5. 516,9. 519,21. 549,13. 551,11. 568,17. 576,11. 607,3. 609,19. 620,13. 628,29. 639,15. 687,1. 695,23. 728,27. 729,17. 758,23. 764,13. 812,25. W 155,17. 273,13. = gar P 23,25. 53,9. 57,27. 104,21. 119,29. 191,19. 176,25. 177,27. 256,19. 340,19. 361,29. 435,25. 443,9. 554,13. 555,19. 560,17. 565,9. 591,17. 637,5. 699,17. 726,3. 809,7. W 59,9. 137,3. 164,1. 265,13. 283,15. 312,3. = gebar P 448,1. W 386,19. = gewar P 196,7. = schar P 450,13. 474,3. = war P 172,5. 182,15. 430,29. 757,15.
nar = gar P 190,27. 439,7. 485,3. W 113,9. = gevar P 551,23. = var W 135,19. = war W 88,5.
schar = aldar P 806,7. = anderswar W 179,25. = bar W 387,27. = bluotvar W 433,23. = dar P 153,5. 251,21. 273,7. 380,3. 408,15. 411,25.

471,7. 473,11. 478,3. 495,3. 610,9. 625,25. 645,23. 653,19. 761,13. 795,23. 797,17. 816,17. W 22,1. 106,3. 121,25. 172,25. 315,5. 331,21. 350,13. 367,17. 368,27. 369,11. 371,5. 423,9. = gar P 336,19. 356,23. 366,17. 386,21. 391,13. 452,25. 607,17. 691,23. 769,15. 793,13. 800,3. 805,25. W 72,9. 83,15. 84,3. 85,21. 250,29. 364,7. 365,5. 375,19. 376,1. 382,25. 388,3. 391,15. 394,23. 427,5. 460,27. = gebar P 410,25. W 368,5. 392,29. = gevar P 233,9. 320,19. 632,23. 640,3. 673,17. 653,9. 698,19. 708,21. 754,3. 765,15. W 34,29. 381,17. 400,25. 439,5. = gewar P 207,27. = nar P 469,1. = trachenvar W 432,9. = var P 111,15. 184,1. 463,13. W 352,17. = war P 384,3. 445,27. 527,7. 641,25. 650,3. 709,15. W 12,25. 31,21. 117,7. 319,23. 322,27. 340,21. 345,3. 358,19. 413,29. 414,11. 428,17.

urvar = aldar P 623,3. = dar P 618,27.

var = spar P 333,19.

war = aldar P 744,5. = gar P 94,9. 170,11. 173,5. 178,27. 400,11. 569,11. 600,17. 626,3. 644,9. 676,13. 813,25. W 17,15. 73,11. 81,3. 137,19. 173,21. 261,15. 264,13. 425,5. = gebar W 75,15. 291,15. = gevar P 599,29. = harnaschvar W 243,29. = sunderschar W 239,1. = var W 158,5. 223,29. 268,17.

ARC. *marc* = verbarc W 63,29.
  patriarc = barc P 823,27. W 77,7. 148,1. = sarc P 559,7. W 386,5. = verbarc P 584,11. W 50,19. 169,11. 311,21. 357,3.

ARKE. *Tananarke* = barke W 409,19. = starke W 355,29.
  arke = sarke P 804,15.
  barke = starke W 415,3.
  marke = arke W 178,13. = sarke W 394,19. = starke W 142,19. 197,27. 226,11. 297,21. 379,3.

ARKEN. *Marken* = barken W 241,5.
  starken = barken W 22,5. = sarken W 351,17.

ARKET. *market* = gestarket T 145.

AREN. *bewaren* = gevaren W 182,7. 235,27. = varen P 431,7.
  scharen = varen W 302,23.
  sparen = enpfaren W 139,3. = ervaren P 769,21.

ARENT. *varent* = bewarent P 71,21.

ARF. *bedarf* = entwarf P 756,5. W 309,17. = warf P 19,7. W 70,21.

ARLE. *Arle* = Karle W 221,17.

ARM. *arm* = varm P 444,7. 458,17. = warm P 177,3. 355,21. 457,15. 581,1. 615,3. W 150,15.
  varm = warm P 459,11.

ARME. *arme* = erbarme P 92,25. W 259,1. = erwarme P 449,1. = warme P 657,17.

ARMEN. *armen* = erbarmen P 95,5. 185,19. 209,5. 249,17. 259,1. 472,23. W 90,15. 104,5. 241,17. 297,19. 325,17. T 113.

ARMET. *erbarmet* = erwarmet W 380,17.

ARN. *barn* = bewarn W 349,7. = gevarn P 46,23. 434,3. W 47,27. 75,21. = missevarn P 318,3. 488,19. = sparn P 718,25. = varn W 398,29. = vervarn P 464,19.
  bewarn = entpfarn W 303,27. = ervarn P 559,23. = gevarn P 8,9. 33,5.

350,13. W 145,9. 278,13. 421,19. = varn P 122,15. 159,3. 181,29. 286,3. 361,17. 371,23. 431,17. 572,27. 640,25 820,11. W 159,21. 195,7. 213,21-285,17. 340,5. 438,19. = zevarn P 531,3.
gesparn = gevarn W 410,9. = varn W 179,9.
parn = gevarn P 211,1. W 314,17. = missevarn W 288,29.
scharn = bewarn W 359,29. = gevarn P 663,27. 686,19. W 21,15. 37,1. 56,27. 238,11. 323,11. 362,3. 370,1. 389,7. = varn P 626,29. 723,19. W 198,9. 336,7. 343,17. 390,15.
sparn = bewarn P 747,7. W 351,19. = ervarn P 734,3. = gevarn P 25,1. 59,1. 188,23. 380,25. W 61,11. = undervarn P 716,9. W 43,15. = varn P 181,7. 499,17. 502,5. 535,9. 536,21. 602,1. 783,25. W 7,11. = widervarn P 204,15.
ARNE. *rarne* = sparne P 619,11.
ARNEN. *arnen* = gevarnen P 706,21. = warnen W 445,7.
ARNET. *erarnet* = gewarnet T 71. = ungewarnet W 334,21.
ARP. *erwarp* = erstarp P 80,17. 404,27. 436,1. 652,21. 750,17. 800,7. W 7,27. 37,29. 170,3. 219,29. 272,15. = restarp W 48,29. = starp P 286,17. 476,25. 797,21. W 108,5. = verdarp P 317,5. 455,29. 616,19. W 8,23.
verdarp = rewarp P 540,19. = starp W 417,1.
warp = erstarp P 440,5. W 419,13. = starp P 25,29. 108,25. 266,1. 579,29. = verdarp P 22,27. 95,19. 345,15. 644,11. 650,29. 824,7.
ARRE. *barre* = harre W 187,19.
ARREN. *geharren* = gesnarren W 390,29.
ARST. *varst* = bewarst P 9,9. = sparst P 267,13.
ART. *Bernart* = bewart W 433,3. = ungespart W 373,3. = vart W 6,27. 440,5.
Gêrhart = Reñewart W 424,9. = Witschart W 45,3. 47,5. 151,21. 258,25. 416,9. = vart W 93,11.
Ingliart = vart P 389,25.
Irmschart (Irmenschart) = art W 122,27. 168,7. = bart W 175,23. = bewart W 152,11. = fürvart W 143,1. = gespart W 147,23. = hervart W 160,23. 183,15. 195,13. = vart W 323,3. = zuovart W 121,19.
Isenhart = bespart P 30,13. = unbewart P 26,25. = verspart P 50,27. = wart P 28,3. 45,7. 53,27.
Liahturteltart = art P 87,29.
Reñewart = art W 289,13. = bart W 191,29. 311,15. 423,15. = dañenvart W 452,17. = geschart W 364,13. 398,5. = gespart W 200,25. 315,21. 333,9. 358,29. 457,23. = hervart W 213,3. = ungespart W 273,15. 413,11. 417,13. 442,19. = vart W 197,1. 199,13. 225,9. 329,21. 330,27. 336,15. = wart W 429,5. = widerwart W 302,9. = zart W 397,13.
Spehtshart = bewart W 377,25. = zuovart W 96,15.
Witschart = wart W 42,23.
art = bart P 171,23. 382,29. = bewart P 144,13. 164,15. 170,23. 209,13. 235,27. 240,1. 406,17. 429,29. 501,9. 520,17. 544,17. 582,23. 591,5. 627,17. 671,11. 787,19. 824,3. W 219,3. 342,19. = dañevart P 41,13. = fürvart W 26,17. = gespart P 8,5. 21,13. = hervart W 30,9. 267,29. 386,21. = pastart P 552,11. = übervart W 80,3. 166,11. = umbevart P 463,11. 518,5.

= unbewart W 157,17. = ungespart P 102,9. = vart P 99,11. 441,1.
454,15. 457,19. 470,25. 474,23. 459,5. 527,1. 652,1. 745,19. 754,17. 769,3.
W 53,1. = wart P 123,11. 179,23. 300,19. 324,15. 325,17. 434,27. 453,21.
462,23. 792,3. W 158,19. 226,7. 282,29. 357,11. 466,19. = widerfart W
319,11.
bart = bewart W 408,3. = ungespart W 138,5. = vart P 446,29. W 270,29.
257,13. = wart P 63,27. 211,15. 227,27. 286,23. 307,7. 395,17. 497,29. W
48,15. 229,23. 251,9.
bewart = bespart P 466,17. 488,27. = geschart W 378,7. 419,29. = gespart
P 732,7. W 264,5. = hervart W 34,25. = hôchvart P 472,13. = schart
P 125,21. = übervart P 663,13. = verschart P 3,23. = verspart P 450,21.
= zerzart W 242,25.
gespart = enhart P 189,3. = widervart W 324,29.
übervart = ungespart W 208,19.
vart = bewart P 492,1. 603,25. 651,3. = gespart P 497,15. = ungespart P
331,25. = wart P 63,7. 81,17. 102,21. 117,29. 128,25. 219,27. 222,11. 232,7.
272,29. 366,9. 410,29. 414,3. 447,11. 595,17. 653,1. 674,21. 750,29. W 31,7.
78,29. 135,21. 218,15. 315,9. 320,29.
wart = bewart P 369,5. 502,19. = durchvart W 54,9. 113,29. = gart P
90,11. = gespart P 27,19. 272,1. W 62,5. = hart P 568,29. = heimvart
P 803,27. = hellevart P 463,15. = hervart W 108,15. 142,11. 203,13. =
nâchvart W 102,17. = stanthart W 368,7. = übervart W 13,5. = unge-
spart P 100,15,27. 199,29. W 20,21. 24,25. 430,23. = widervart W 70,25.
ARTE. *Reñewarte* = zarte W 277,9.
bewarte = besparte P 408,11. = gescharte W 354,7. = scharte W 369,3. =
sparte W 201,13. = zarte P 202,1.
harte = warte P 703,17. 792,19. W 233,19.
ARTEN. *scharten* = enbarten W 114,11. = sparten W 15,25. = warten W
350,19.
warten = barten W 394,13. = boumgarten P 511,23. 553,7. = garten W
352,9. = sparten P 380,5. = swarten P 138,19. W 154,11.
zarten = bewarten P 71,19. = warten W 212,15.
ARTET. *zartet* = wartet W 183,19.
ARZ. *Grâharz* = Brôbarz P 180,17. 224,29. = Schyolarz P 68,21.
Rozokarz = Lorneparz P 772,3.
Schiôlarz = Lledarz P 57,23.
AS. *Anfortas* = genas P 796,3. W 99,29. = palas P 813,23. = was P 330,29.
389,1. 433,25. 434,25. 441,23. 455,19. 472,21. 474,7,19. 478,5. 519,11,27.
616,13. 617,7. 623,21. 783,19. 794,29. 806,9. 808,17. 810,7. 811,17. 819,3.
821,3. 823,7,23. 827,7. W 279,13. 283,29.
Ganjas = gras W 351,15. = was P 517,27. W 396,17.
Jéometras = was P 589,13.
Jûdas = was P 219,25.
Karfodyas = was P 779,01.
Cithis = was P 334,11.
Koukasas = gelas P 326,23. = was P 71,17. 742,3. W 36,9. 60,21. 203,25.
241,13. 257,19. 282,23. 300,25. 375,17,25. 377,15.

Malatras = was W 32,13. 288,11.
Parfoyas = Streñolas P 772,15.
Pictagoras = was P 773,25.
Pröthizilas = was P 27,23. 52,9.
Röhas = was P 496,15. 498,19.
Tandarnas = gras W 363,25. = palas W 245,5. 249,17. 263,15. = was W 240,25. 243,5. 328,23. 329,19. 334,29. 362,5. 397,15. 401,13. 433,17. 440,15.
Tinas = was P 429,17.
Tismas = genas W 68,25.
Trinitas = was P 471,17.
adamas = glas P 105,19.
genas = enwas P 643,29.
palas = genas P 16,21. W 223,17. = harnas P 27,15. 154,5.
was = adamas P 53,3. 58,11. 70,19. 75,25. 77,23. 107,29. = gelas P 224,11. 315,13. 650,25. = genas P 57,15. 112,7. 464,11. 525,3. 531,27. 560,21. 579,15. 587,11. 603,17. W 99,11. 118,17. 195,5. 224,15. 307,3. 374,27. = glas P 553,5. 566,13. 794,21. L 5,7,10. = gras P 37,29. 75,17. 96,13. 129,9. 185,27. 227,9. 231,3. 247,9. 275,11. 437,3. 475,11. 598,7. 605,9. 611,17. 668,17. 680,25. 682,3. 690,7. 692,13. 694,11. 745,9. 775,13. 779,21. 793,21. 803,23. W 27,25. 50,29. 76,15. 87,29. 118,29. 127,13. 132,21. 136,13. 213,9. 380,3. 384,7. 411,21. 419,9. 425,27. 429,15. 460,29. = harnas P 18,3. 105,9. = las P 66,3. 79,29. 102,5. 431,1. 459,21. 481,5. 644,23. 724,19. 805,9. W 465,1. = nardas P 484,15. = palas P 23,15. 32,11. 45,19. 51,25. 53,13. 61,1. 69,21. 147,13,27. 149,3. 169,21. 182,11. 186,15. 195,21. 226,17. 229,23. 232,9. 236,23. 352,7. 357,29. 387,19. 393,25. 397,13. 422,9. 432,9. 492,13. 534,25. 541,21. 553,13. 555,13. 581,13. 583,15. 630,3. 636,17. 638,11. 655,5. 807,11. 808,11. W 63,5. 97,17. 139,19. 140,23. 144,1. 187,1. 226,9. 234,19. 248,9. 266,1. 270,1. 277,1. 285,27. 311,7. 321,13. = spiegelglas W 22,27. 67,13.

ASCH. *harnasch* = derlasch W 376,17. = pfasch W 439,9. = verlasch W 305,13. 416,13.

ASE. *base* = nase P 429,23.
 glase = hase P 1,19. = wase W 326,17.

ASEN. *nasen* = basen P 88,19. = hasen P 409,25. = wasen P 212,25. 268,21. W 430,9.

ASN. *nasn* = wasn P 593,13.

AST. *Hoskurast* = gast P 25,17.
 ast = enbrast P 282,17. = gebrast P 57,13. W 189,21. 416,27. = zebrast P 411,29.
 gast = ast P 522,17. W 109,29. = brast P 744,11. = gebrast P 22,25. 248,1. 325,15. 361,27. 388,11. 405,23. 688,23. 775,29. 811,5. W 124,1. = glast P 186,5. 328,15. 374,23. 398,29. W 55,15. 62,9. 129,3. 155,13. 411,5. L 6,34. = last P 15,3. 34,15. 42,19. 70,25. 116,29. 219,21. 229,21. 290,25. 291,29. 316,1. 412,19. 422,21. 506,11. 586,7. 602,21. W 165,5. = überlast P 742,7. W 172,19. 264,3. = zebrast P 295,27. 759,11. W 147,17.
 gebrast = widerglast W 33,21.
 last = mast W 352,3. = sunderglast W 14,9.

ASTE. *Cidegaste* = vaste P 723,5.
   gaste = baste P 530,25. = raste P 601,7. 796,27. = vaste P 34,3. 35,9. 372,3. 410,19. 553,29. = waste P 250,5. 735,7.
   raste = überlaste W 435,3.
   vaste = aste P 437,9. 504,13. W 69,21 = glaste W 369,13. = laste W 196,27. = raste P 669,13. = überlaste W 405,3.
ASTEN. *Cidegasten* = tasten P 615,29.
AT. *Eheunat* = houbetstat P 178,19. = pfat P 413,15.
   Ranculat = bat W 94,15. = getrat W 350,17. = mat W 255,25. = phat W 392,15.
   bat = fiwerstat P 230,15. = getrat W 289,21. = sat W 177,15. = sláfstat P 166,11. = suonstat P 272,5. = trat P 23,29. 654,25. 700,25. 806,27. W 191,19. = walstat W 466,1.
   mat = bat P 347,29. = gebat P 275,27. = spat P 115,5. = stat P 41,15.
   pat = fiwerstat P 271,21. = stat P 158,19.
   pfat = bat P 369,15. 793,17. = getrat P 387,3. = houbetstat P 656,19. = sláfstat P 192,29. = stat P 241,23. 533,3. 584,13. 693,17. W 38,13. 114,3.
   stat = bat P 20,19. 39,7. 42,1. 54,27. 60,1. 62,27. 67,9. 93,25. 148,5. 159,27. 163,19. 177,9. 200,29. 203,23. 204,27. 209,1. 212,5. 278,29. 308,23. 324,1. 345,27. 351,15. 359,11. 361,1. 377,3. 358,27. 393,15. 424,13. 429,5. 432,13. 507,9. 597,13. 610,25. 663,23. 676,23. 677,3. 799,11. W 65,9. 73,29. 97,13. 98,29. 113,13. 127,9. 130,17. 149,21. 174,7. 211,21. 222,25. 223,19. 245,1. 246,1. 263,7. 269,5. 298,15. 312,5. 316,3. 321,15. 414,19. = gebat P 343,7. W 95,17. = getrat W 415,5. = trat P 242,19. 405,3. 567,1. 602,15. 734,13. W 244,3.
ATE. *state* = gelate P 261,25. = schate P 578,19.
ATER. *vater* = bater P 344,21. 749,19. W 6,17. 98,17. 149,1. 254,21. 268,7. 353,29.
ATN. *statn* = sumerlatn W 311,29.
ATR. *vatr* = batr W 9,21. 383,1.
ATZ. *kratz* = widersatz P 155,11.
AXE. *antraxe* = wac se W 377,1.
AZ. *Arraz* = vergaz W 437,13.
   az = baz P 552,3. = laz P 217,11. = maz P 233,23. 309,29. = saz P 132,1. 169,23. 218,15. 314,17. 561,25. 762,11. 775,19. 813,7. W 176,1. = vergaz P 244,23. 279,15. 309,7. 485,23. 524,9. 697,27. 763,1.
   baz = daz P 177,1. 347,1. 509,9. 530,27. W 257,11. L 9,4. = gesaz P 590,15. 777,5. = laz P 95,23. 126,19. 270,21. 292,7. 533,19. W 66,23. 76,25. 272,5. = maz P 292,19. 297,17. 337,5. = móraz W 276,7. = naz 254,11. W 335,23. 439,17. 452,13. L 8,33. = saz P 139,17. 158,15. 161,15. 258,29. 548,25. W 127,25. 139,17. 187,7. 274,15. 339,15. = vergaz P 54,23. 443,1. 505,13. W 121,7. 130,23. 163,5. 316,23. L 5,12,14. = waz P 561,7.
   daz = balsemvaz W 465,11. = baz P 311,1. 400,23. = fürbaz W 123,3. 312,11.
   fürbaz = besaz W 455,27.
   gaz = graz P 485,13.

haz = az P 652,9. W 266,7. = baz P 114,5. 247,25. 258,15. 324,9. 338,5. 342,25. 355,3. 372,19. 412,17. 418,7. 427,27. 450,17. 466,9. 486,25. 627,11. 636,5. 720,5. 748,9. 749,3. 760,5. W 75,17. 290,9. 297,19. 308,15. 322,23. 330,25. 349,29. 355,25. = daz P 78,11. 103,13. 114,19. 125,23. 207,23. 215,1,27. 609,11,27. 638,29. 724,27. W 112,25. 285,1. 310,5. L 4,3,7. = eteswaz W 73,15. = fürbaz P 204,13. 530,3. W 76,3. 105,7. = gaz P 676,9. = gesaz P 564,17. 739,7. W 388,19. = laz P 334,9. 636,3. 715,23. 820,1. W 267,27. = matraz W 100,9. = paz P 767,25. = saz P 277,1. 555,25. 597,5. 629,11. 686,1. 728,17. 766,7. W 141,1. 296,21. 312,15. = vergaz P 257,27. 675,29. 779,29. W 2,27. 317,23. = waz P 17,13. 118,29. W 272,19. = widersaz P 399,23.

kraz = widersaz P 249,1. W 449,15.

laz = balsemvaz P 236,9. = besaz P 337,9. = daz P 420,15. = fürbaz P 144,11. 416,19. W 264,23. = gesaz P 562,7. = goltvaz P 10,3. 147,7.

maz = gesaz P 174,29. 434,15. 518,21. = paz P 145,3. = saz P 162,19. 275,15. 311,4. 755,23.

paz = gesaz P 302,25. = matraz P 790,17.

saz = az P 636,23. = daz P 197,7. 794,27. W 179,17. 278,23. = fürbaz P 360,11. 534,17. 824,1. W 38,11. = gaz P 274,27. 452,15. 764,7. 784,23. = goltvaz P 237,23. = laz P 243,13. 256,1. 310,7. 570,11. = matraz P 353,5. 683,13. W 132,29. 353,21. 356,1. = naz P 83,27. 99,3. 249,13. = übermaz P 258,9. = vergaz P 34,7. 74,17. 82,21. 188,7. 277,13. 323,13. 361,19. 368,25. 435,17. 516,27. 540,3. 554,1. 584,19. 621,25. 654,27. 655,9. 699,19. 702,3. 723,19. 754,21. 766,19. 779,9. W 48,1. 175,21. 259,13.

vergaz = besaz W 72,29. 252,13. = daz P 230,5. 757,29. = fürbaz W 231,29. 430,13. = gesaz P 445,17. = goltvaz P 158,23. = môraz W 177,5. = naz W 24,29.

widersaz = huovekraz W 314,9. = mähelschaz P 439,21.

AZER. *wazer* = az'er W 276,9.
AZZE. *hazze* = gazze W 132,9.
AZZEN. *gazzen* = vazzen P 18,19.
 lazzen = gehazzen W 355,29. = hazzen P 824,15.
AZZER. *lazzer* = mazzer W 404,1.

A.

A. *Alamansurd* = Persiâ W 255,7. = Scandinâviâ W 141,13. = aldâ W 248,25. 344,9. 371,7. = dâ W 447,17.

Asid = Affricâ P 496,3.

Eckubd = aldâ P 646,19. = dâ P 747,27. 761,5.

Galiciá = dâ P 419,19. W 275,25.

Indiá = dâ P 421,15. 823,1. W 8,9.

Karchobrá (Carcobrá) = dâ P 497,7. 822,15. = slâ P 821,1.

Koreá (Korchâ) = aldâ P 644,15. = dâ P 610,17. 626,15.

Meckd = dâ W 193,1. 226,17. 372,23.

Nubid = då W 74,11.
Olimpid = anderswå P 811,11.
Persid = Persidå P 657,27. = aldå W 81,7. 106,19. 125,9. 315,17. = anderswå P 15,17. = då W 30,17. 32,7. 76,13. 78,17. 105,25. 151,7. 203,21.
Poncid = grå P 219,23.
Scandindvid = aldå W 382,27. 455,27. = anderswå W 257,5. = då W 348,23. 461,7. = slå W 384,9.
Siglimesad = Danjatå W 74,15. = aldå W 452,27. = kld W 356,27.
Trd = aldå P 498,29.
aldd = anderswå P 597,29. W 213,7. = blå W 328,11. = grå P 168,13. 407,11. 411,27. 800,1. = jå P 437,1. = klå W 159,7. = slå P 74,23. 256,11. 442,25. = sunderslå W 238,19.
dd = anderswå P 71,23. 89,9. 98,19. 143,15. 310,23. 393,5. 404,5. 625,9. 651,11. 681,9. 796,21. 802,5. W 185,23. 228,1. 236,7. 425,17. = arômatå P 789,27. = blå W 276,25. = grå P 231,7. 513,25. 544,3. 569,15. W 200,5. 464,11. = jå P 201,19. 308,7. 346,11. 380,21. 450,3. 468,17. 493,29. 653,27. 725,15. 727,29. = lipparéå P 791,23. = slå P 377,23. 507,25. 667,7. 668,7. W 56,15. 84,29. 114,15. 121,29. 212,27. 210,11. 446,11. 466,3. = wå P 69,17. 271,13. 713,23. 730,29. 799,21.
eljotropid = antrodrågmå P 791,7.
hiénid = alabandå P 791,19.
saddd = djonislå P 791,9.
sld = grå P 455,23.

ÅC. *måc* = båc P 156,3. 324,11. 412,21. 419,27. 520,3. = wåc P 434,13. W 41,7.
ÅCH. *gåch* = dernåch P 196,9. 237,11. 330,15. = nåch P 19,13. 60,3. 121,15. 128,15. 138,1. 141,29. 143,19. 150,29. 217,5. 338,25. 341,15. 342,9. 363,13. 368,21. 442,21. 444,27. 493,3. 511,15. 515,17. 517,11. 522,21. 536,3. 626,23. 731,29. W 122,1. 202,17. 276,3. 282,9. 414,17.
ÅCHE. *åche* = råche W 340,3. = språche W 396,21. 450,23.
råche = språche P 779,11. W 39,5. 101,21.
ÅCHEN. *råchen* = durchbråchen W 19,13.
stdchen = zebråchen P 57,25. W 85,19.
ÅF. *sldf* = schåf W 286,11.
ÅFEN. *wåfen* = entslåfen P 130,3. = schåfen W 241,23. = slåfen P 242,15. W 305,3.
ÅGE. *måge* = beträge W 338,5. = låge P 16,11. T 75. = tråge W 164,5. = vråge P 300,27. 754,9. = wåge W 11,3. 80,25. 197,23. 217,1. 269,9. 297,23.
slåge = gemåge T 95.
wåge = låge P 491,21.
ÅGEN. *bågen* = pflågen P 430,27. = vrågen P 500,1.
betrågen = gevrågen P 171,17. = mågen P 370,5. W 232,19. = vrågen P 441,21. 554,25. 655,13.
gewågen = pflågen W 277,7.
lågen = enpflågen W 97,21. = gågen P 282,13. = mågen W 29,17. 279,11. 374,5. = pflågen P 10,9. 229,29. 255,17. 351,5. 513,5. 537,13. 568,21. W

ÅGET. — ÅL. 27

18,17. 72,7. 76,9. 108,29. 115,11. 127,3. 203,9. 237,1. 319,17. 414,27. 416,3.
437,21. = vrågen P 288,27. 773,17. = wågen W 365,25.
redgen = bågen P 150,19. = betrågen P 557,21. 734,21. = mågen W 336,17.
= págen W 145,1. = phlågen W 227,29. P 815,19. = vrågen W 247,15.
ÅGET. *betråget* = gesråget P 247,27. = pflåget P 562,13.
ÅGTE. *frågte* = bågte P 80,23. 453,1. = betrågte P 484,29.
ÅHE. *gåhe* = versmåhe P 785,15.
ÅHEN. *enpfåhen* = ergåhen T 134. = gåhen W 69,7. 244,9. 312,3. 512,21. =
umbevåhen W 146,15. = vergåhen W 250,9. = versmåhen P 11,13. 12,9.
395,7. 604,29. 621,7. W 51,25. 122,15. 160,29. 179,23.
gåhen = ersåhen P 40,23. = genåhen P 55,7. = såhen P 38,15. 244,29.
620,23. W 25,3. = umbevåhen P 127,29. = våhen P 119,3. 348,1. W 2,3.
= versmåhen P 486,23.
jåhen = erråhen P 387,17. = gesåhen P 65,21. 175,7. 534,21. W 155,15.
= såhen P 208,13. 694,29. W 64,9. 321,7. = småhen W 302,19.
ndhen = enphåhen P 22,13. 360,27. 401,9. 513,19. 815,3. W 228,17. 231,1.
= ergåhen P 507,13. = gåhen P 142,11. 144,7. 173,19. 208,3. 503,29.
580,17. 779,19. W 309,21. = såhen P 73,11. 138,5. 225,5. 274,14. 289,13.
354,23. 504,5. 601,23. 619,27. 632,19. 792,23. = småhen P 133,25. = um-
begåhen W 316,19. = versmåhen W 89,25. 274,5.
umbevåhen = erråhen P 429,13. = versmåhen W 193,27.
vergåhen = vervåhen T 59.
ÅHENT. *enpfåhent* = versmåhent W 345,9.
ÅHET. *genåhet* = vergåhet W 183,5.
nåhet = ergåhet W 315,17. = gåhet P 633,3.
såhet = genåhet P 259,11. = jåhet P 612,13.
småhet = enpfåhet P 524,3. = genåhet W 189,27. = vergåhet P 346,25.
ÅHT. *bråht* = båht P 501,7. = bedåht P 432,7. 560,23. 797,15. = erdåht P
53,25. 148,29. 521,25. 537,7. 559,27. 657,29. 687,13. 720,29. 763,15. 827,17.
W 63,17. 108,17. 308,13. 360,11. = gedåht P 309,19. 333,25. 341,1. 691,11.
737,25. 759,27. 786,21. W 121,3. 123,21. 359,19. 374,21. = gesmåht W
298,25.
erdåht = gesmåht W 318,13. = volbråht P 730,13.
ÅHTE. *bråhte* = dåhte P 236,13. 768,27. T 29. = erdåhte P 566,23. W
29,29. = gåhte W 394,7. = gedåhte P 131,29. 134,19. 295,13. 303,21.
406,27. 601,3. 614,15. 629,25. 695,11. 702,25. 711,5. 824,29. W 42,21. 81,27.
144,15. 153,9. 252,9. 253,7. = genåhte T 148. = nåhte W 361,7. = über-
dåhte W 315,7. = versmåhte P 757,23. W 191,17. 267,5. 395,15.
dåhte = volbråhte P 412,19.
gåhte = genåhte T 160. = nåhte W 226,1. = versmåhte W 47,15.
volbråhte = gedåhte P 451,9. 518,27.
ÅHTEN. *bråhten* = gedåhten P 21,7. 163,29. 193,13. W 9,25. 283,23. 371,23.
= våhten W 395,7.
gåhten = flåhten P 106,1.
ÅHTES. *bråhtes* = genåhtes W 351,7.
ÅL. *Curvendål* = gemål P 144,19.
Laudundål = Rogedål P 772,7.

Parcivâl = Karmiuâl P 206,9. = Provenzâl P 416,25. = zvâl P 782,5. = gemâl P 229,9. 237,9. 243,3. 263,13. 619,9. 694,23. 695,7. 706,17. 717,29. 723,23. 727,19. 730,25. 732,1. 742,27. 754,15. 762,17. 764,19. 789,1. 793,9. 801,3. 814,11. = grâl P 236,11. 239,7. 251,29. 316,25. 392,27. 433,9. 440,29. 445,11. 452,29. 467,25. 471,29. 476,15. 500,23. 501,19. 646,15. 743,13. 771,23. 795,11. 808,15. 813,9. 815,29. 820,13. = mâl P 179,13. 191,15. 275,3. 287,9. 305,21. 308,1. 315,9. 338,7. 400,15. 689,23. 693,1. 746,21. 748,7. 758,5. 774,7. W 271,17. = schâl P 794,23. = twâl P 140,15. 153,13. 162,27. 265,11.
Provenzâl = Collevâl P 772,21. = grâl P 827,5.
Rubâdl (Rubbûâl) = emerâl W 43,1. = gemâl W 33,15. = mâl W 349,21. = twâl W 357,21.
Runzevâl = gemâl W 410,27. 441,5.
emerâl = gemâl W 77,27. 417,29. = twâl W 98,27.
gemâl = twâl P 31,7. = zindâl P 64,29. 377,29. 549,29. W 16,5.
grâl = gemâl P 740,19. 810,9. = mâl P 296,5. 388,29. 468,25. 474,21. 483,19. 519,9. 559,17. 803,13. 816,15. = twâl P 330,27. 333,27. 424,21. 428,21. 438,29. 454,21. 468,9. 469,27. 480,25.
mâl = twâl P 15,5. 57,19. 113,5. W 125,17. 335,27. 368,25. = zindâl P 301,29. 579,13.
ÂLE. Parcivâle = grâle P 240,17. 326,19. = quâle P 764,5.
Provenzâle = gemâle P 66,29.
Runzevâle = mâle W 51,13.
grâle = gemâle T 7. 43. = mâle P 428,25. 503,23. 807,15. 817,5. = quâle P 484,9.
mâle = strâle P 532,11. 673,15.
zemâle = donerstrâle P 104,1. = emerâle W 339,17. = grâle P 238,5. = zindâle P 19,1.
ÂLEN. hâlen = verquâlen T 53.
mâlen = donrestrâlen L 9,32.
twâlen = pfellelmâlen W 395,1.
zindâlen = gemâlen P 59,5.
ÂLES. grâles = mâles P 778,23.
ÂLS. Norgâls = Kingrivâls P 103,9. 494,23. 759,25. 803,5. = Turkentâls P 128,7.
ÂMEN. nâmen = brâmen T 161. = gezâmen P 662,29. = quâmen P 750,9. = sâmen P 60,19. 109,27. W 8,19. T 44.
sâmen = genâmen W 361,15.
ÂMER. âmer = jâmer W 62,15.
ÂN. Baligân = getân W 178,21. = hân W 108,11. 221,15. 340,25. = undertân W 434,19.
Balthasân = hân W 307,9.
Béalzenân = getân P 746,9. = hâu P 803,4.
Boetân = plân W 56,17.
Brandigân = getân P 279,1. 336,27. = hân P 215,15. 220,7. 332,25. = kastelân P 210,5. = undertân P 206,29.
Brizljân = getân P 253,1. 271,7.

ÅN 29

Cristján = getån P 827,1.
Famurgán (Feimurgån) = Mazadån P 56,17. 400,7. = getån P 496,7.
Gawdn = barbigån P 385,23. = erlån P 403,3. = getån P 321,5,15. 363,17.
392,17. 413,13. 530,5. 549,9. 573,29. 579,1. 581,29. 609,21. 614,17. 623,5.
624,21. 684,5. 689,3. 690,3. 691,3. 693,7. 704,19. 705,9. 717,7. 727,23. 773,7.
775,27. = hån P 299,9. 304,1. 311,7. 325,7. 338,3. 340,23. 349,25. 367,29.
371,17. 394,19. 397,11. 402,13. 406,11. 431,29. 511,11. 523,13. 561,11. 590,1.
610,27. 625,1. 628,19. 633,1. 651,9. 652,9. 661,3. 665,25. 701,21. 785,5. =
lån P 377,11. 542,17. 564,11. 591,13. 631,7. 686,5. 761,1. = missetån P
343,9. 516,11. = plån P 350,23. 380,1. 386,29. 399,25. 415,11. 504,7. 596,7.
602,7. 603,15. 620,21. 662,11 668,25. 674,9. 678,15. 703,19. 707,5. 707,29.
719,5. W 403,19. = sån P 299,27. 320,15. 326,11. 432,25. = undertån P
362,5. 651,27. 706,25. = verlån P 647,23. = vertån P 302,19.
Iwán = lån P 583,29.
Lahedumán = Gawån P 391,5. 393,27. = getån P 359,5. 382,3.
Persán = getån W 77,21. 80,5. 214,23. 374,13. = hån W 345,29. = lån
W 29,13.
Prislján = getån P 129,5.
Putegán = plån W 353,23.
Schampán = plån W 366,15.
Vénezján = bån W 242,27.
Volcán = getån W 229,29.
erlán = undertån P 385,29.
getán = barbigån P 664,11. 673,9. = hån P 7,27. 21,5. 34,23. 96,5. 133,17.
218,5. 221,27. 254,29. 255,17. 265,23. 276,7. 277,23. 298,9. 308,17. 328,19.
330,11. 347,3. 352,23. 405,17. 418,5. 484,3. 517,19. 521,5. 554,21. 594,19.
673,29. 709,9. 711,21. 734,19. 747,21. 767,15. 771,13. 772,29. 783,9. 812,9.
817,1. 819,1. W 39,13. 68,11. 127,7. 147,3. 150,25. 191,7. 211,5. 230,17.
253,27. 268,15. 269,1. 330,29. 366,21. 448,19. 453,7. = kapelån P 97,15.
W 227,15. = casagån W 406,7. = kastelån P 288,7. 312,7. 669,9. 671,21.
W 42,17. 118,11. 405,5. = klån P 105,23. 314,9. 571,25. = lån P 11,27.
39,9. 89,25. 382,21. 462,21. 598,23. 685,19. 746,25. 769,5. W 5,9. 43,11.
113,3. 136,23. 157,21. 309,1. = plån P 69,9. 118,19. 129,17. 153,23. 173,27.
203,17. 592,29. 681,15. 691,15. 692,21. 775,7. 780,25. W 10,17. 42,29. =
sån P 20,27. 29,1. 35,7. 71,29. 94,1. 121,29. 123,19. 131,1,21. 132,19. 133,29.
140,9. 152,29. 163,11. 164,27. 186,7. 194,3. 246,5. 273,15. 275,19. 294,23.
308,11. 413,21. 755,25. W 75,3. = verlån P 444,11. 824,19. W 102,19.
105,17. 435,29. = vilån P 143,11. 257,23. 524,1. = wolgetån P 671,5.
hán = barbigån P 376,13. = erlån P 396,17. = kappelån P 76,1. 87,9. =
kastelån P 452,5. W 63,9. = lån P 163,5. 293,15. 309,11. 349,9. 355,11.
400,29. 403,21. 629,29. 679,5. 684,29. 720,3. W 13,9. 109,15. 151,17.
465,13. = missetån P 114,23. 269,19. 317,17. 414,29. 490,9. 558,7. 612,5.
W 257,25. 301,25. = plån P 216,9. 544,5. 667,13. = sån P 8,1. 34,19.
121,1. 154,23. 204,5. 216,23. 235,5. 374,15. 395,11. 450,23. = trån P 254,5.
= undertån P 394,5. 564,1. 733,1. 751,9. W 159,9. 266,17. = verlån P
468,7. W 30,1. 119,1. = vertån P 270,3. = wån P 5,3. 6,5. 9,15. 67,7.
372,17.

lån = missetån P 222,9. 488,9. 619,15. = plån P 728,5. = sån P 119,15. = undertån P 45,27. 149,21. = ungetån W 154,7. = wån P 226,29. 291,13.
missetån = erlån P 783,13. = kastelån P 522,27. = vilån P 144,15.
plån = klån P 279,13. = trån P 60,27.
sån = kappelån 36,7. 106,21. = kastelån P 157,25. 289,3. W 53,29. = kumpån P 158,17. = plån P 68,23. 150,13. 155,5. 298,1. 336,11. 354,9. = verlån P 29,9.
spån = enbån P 128,29.

ÅNDE. *ånde* = wånde P 346,1.
ÅNDEN. *ånden* = wånden P 807,19.
ÅNE. *Alemåne* = plåne P 67,21. W 350,7.
Bedfontåne = Imåne P 125,15.
Belacåne = åne P 16,7. 61,11. 90,25. 337,7.
Bertåne = plåne P 74,7. 198,23. 383,13.
Boetåne = plåne W 363,15.
Brahdne = funtåne W 398,21. = muntåne W 436,3. = plåne W 21,17. 441,29.
Brumbåne = muntåne P 261,27.
Gascåne = Spåne P 48,9.
Gawåne = Muntåne P 382,1. = åne P 221,1. = plåne P 511,1. 544,19. = vilåne P 529,29.
Gråswaldåne = wåne T 63.
Grickulåne = muntåne W 36,17. 84,14.
Griffåne = muntåne W 377,21. = plåne W 36,7. 84,1. 97,29. 375,23. 378,3.
Leöplåne = Spåne P 64,13.
Mazadåne = Fåmurgåne P 583,13. = wåne P 455,13.
Persåne = wåne W 125,23.
Schampåne = plåne W 437,9.
Schoysidne = åne P 805,5. 823,15. T 24.
Soltåne = plåne P 117,9.
åne = publicåne W 162,29.
plåne = caståne P 376,17. = funtåne P 753,23. W 49,5. = gåmåne W 401,7. = wåne P 59,25.

ÅNEN. *Gawånen* = vertånen P 284,15.
Schoysidnen = Belacånen T 37. = ånen T 109. = månen T 14.
ånen = månen P 376,7.

ÅR. *Wimår* = jår W 130,29. = vår W 132,11.
clår = hår P 63,19. 160,27. 232,15. 299,3. 631,11. 776,5. 809,1. W 128,21. 154,9. 245,3. = jår P 604,9. = rückehår P 313,19. = vår P 431,21. 586,25. = wår P 62,7. 246,21. 282,27. 306,25. 519,23. 692,11.
hår = alwår P 1,25. = vår P 146,3. 252,29. 780,27. W 229,11.
jår = granhår W 13,25. = hår P 42,15. 469,23. W 172,9. = vår P 292,3. 606,11. 618,7. 784,19. W 267,17. 897,9. 457,19. = wår P 66,7. 103,15. 108,23. 149,11. 202,5. 209,9. 210,17. 418,9. 421,3. 440,1. 449,13. 465,25. 563,19. W 332,9.
vår = wår P 163,15. 476,21. 510,15. 612,1. 699,7. 716,1. W 119,19. 293,15.

ÅRE. — ÅT. 31

ÅRE. *Cuñewáre* = cláre P 151,11. = báre P 337,19. = våre P 220,19. 279,23.
cláre = håre P 151,23. W 16,1. = jåre T 28. = våre P 369,1. 594,1.
598,17. 630,13. 633,21. 696,15. 780,1.
váre = håre P 267,27. W 461,15. = jåre T 166.
wáre = offenbåre P 659,9.
ÅREN. *Cuñewdren* = gebåren P 135,15.
cláren = gebåren P 825,3.
jåren = cláren P 582,3. W 355,7. T 125. = gebåren P 613,5. 631,25.
= våren P 142,23. 346,7. 565,1. 658,23. = wåren P 478,7. 765,7. 799,3.
W 124,19. 435,9. 440,25. T 13. 15.
váren = båren P 54,9. = gebåren P 158,3. 353,15. 560,27. = wåren P 420,11.
617,25. 683,1. 737,19. W 308,3.
wdren = båren P 215,29. W 207,15. = cláren P 344,29. 595,15. 690,23.
W 155,21. T 139. = gebåren P 187,25. 666,21. 824,5. W 130,7. 144,9.
ÅRET. *våret* = bejåret W 218,9.
ÅRTE. *várte* = gebårte W 227,1.
ÅSCHE. *Ganfassdsche* = karråsche W 353,15.
ÅSCHEN. *karråschen* = håschen W 358,9.
ÅSEN. *Cordsen* = måsen W 74,19.
åsen = måsen W 222,13.
ÅST. *håst* = enlåst W 233,3.
ÅT. *Puzzdt* = råt W 58,21. = såt W 56,11. = tåt W 37,11.
Trinitåt = håt P 598,3. W 101,1. 108,9. 218,25. = råt P 795,25. W 65,13.
bråt = isenwåt P 75,5.
gendt = palmåt W 406,9.
håt = admiråt W 434,1. 438,23. 457,21. 465,5. 466,27. = enlåt P 710,3. =
ergåt P 12,1. = erlåt P 355,17. 749,9. W 249,21. 272,27. = hantgetåt
W 166,21. 253,9. 450,19. = låt P 327,3. 370,1. 371,15. 467,13,21. 509,5.
512,9. W 48,19. 95,23. 117,5. 134,25. 153,29. 173,3. 302,1. 309,19. =
missetåt P 106,25. 361,29. = ponteståt W 361,23. = sarwåt W 426,29. =
såt P 162,3. 372,7. W 178,7. = ståt P 51,11. = tåt P 66,21. 82,3. 280,29.
366,15. 510,11. 559,1. 673,3. 695,5. 768,11. W 22,15. 102,9. 215,23.
376,27. 404,29. 422,7. = wåt P 233,11. 258,9. 278,3. 362,27. 375,1. 783,17.
792,27. W 128,11. 137,29. 140,3. = zergåt P 3,9. 470,29.
låt = admiråt W 434,5. 441,1. = grånåt P 589,19. = oblåt P 470,5. = tåt
W 287,7.
råt = admiråt W 436,1. 449,19. = enhåt P 467,23. = grånat P 438,5.
508,11. = hantgetåt W 306,27. = håt P 40,3. 46,11. 48,19. 108,17. 162,29.
213,29. 240,9. 242,13. 251,23. 294,1. 319,3. 372,29. 392,9. 407,23. 422,19.
442,1. 456,29. 514,15. 674,1. 710,17. 767,13. 797,23. 612,3. 815,9. W 52,11.
60,19. 98,19. 103,7. 139,27. 158,13. 159,29. 161,15. 169,3. 217,3. 296,29.
306,3. = låt P 426,7. 614,27. 635,11. = missetåt P 114,17. 142,9. 170,13.
259,29. 347,9. 354,25. 428,3. 448,23. 710,23. 711,29. 714,5. = påråt P
341,17. = pogråt P 501,25. = punteståt W 85,17. = såt P 444,5. =
smaråt P 107,15. = ståt P 417,29. = tåt P 21,27. 68,27. 78,1. 542,3.
558,3. 751,15. 778,3. W 236,17. 268,27. 280,27. 329,17. 349,5. = untåt P
715,11. = wåt P 192,13. 253,9. 273,17. 394,25. 446,19. 456,11.

ÅTE. — ACH.

sdt = tát P 357,13.
wdt = erlát P 515,9. = grát P 234,17. = palmát P 552,17. = smáráł P 14,19. 306,29.
ÅTE. *dráte* = kemenáte W 147,27. = ráte P 522,23. W 53,15. 121,13. 452,3. = spáte P 437,5. 604,21.
spáte = ráte P 530,7.
ÅTEN. *báten* = verráten W 91,21.
beráten = aromáten W 462,27. = gebráten W 133,27. = náten W 169,5.
gebráten = unberáten P 486,11.
kemendten = beráten P 153,23. W 323,27. = getáten P 240,25. = náten W 290,3. = ráten P 164,1. = táten P 192,25. W 278,19.
táten = báten P 449,21. 582,25. 650,17. = beváten P 61,7. 622,17. W 179,1. 264,15. = gěváten P 739,29. W 423,25.
ÅTET. *bátet* = tátet P 707,17.
ÅWEN. *kldwen* = gráwen L 4,8,11.
ÅZ. *Corsáz* = geláz W 33,13.
fidz = gláz W 414,5.
gdz = vráz P 639,1.
wdz = ebenmáz W 2,13.
ÅZE. *máze* = láze W 71,13. 94,3. 151,23. T 140. = stráze P 162,11. W 132,5. 198,11. 325,15. T 92.
ÅZEN. *Ládzen* = erlázen P 179,25. 214,5. = lázen P 175,25. = mázen P 186,3. 195,5.
ázen = lázen W 275,7. = sázen P 273,27. 279,17. 777,25. W 175,17.
grázen = gelázen W 402,17.
lázen = besázen W 449,1. = gemázen L 8,42. = mázen P 25,7. 136,25. 405,13. 489,3. 561,13. W 308,27. = sázen P 34,1. 187,9. 394,29. 776,23. = strázen P 127,15. 225,29. 367,1. 436,25. W 115,23. 238,3. T 66. = vergázen P 44,5. = verwázen P 412,23. 514,5. W 453,5.
mázen = erlázen P 253,9. 356,9. 708,19. W 246,15. = gelázen T 38. = gesázen P 643,15. = sázen W 146,21.
sázen = vergázen P 147,3. 197,9. 263,11. 406,23. 430,17. 543,27. 750,11. 762,25.
strázen = besázen P 768,3. = verlázen P 183,3.
ÅZET. *lázet* = mázet W 252,23.

A = Å.

AC. *mdc* = belac W 412,1. 448,27. = lac W 68,1. 393,5. 455,13. = slac W 441,23.
wdc = belac W 411,7. = lac W 435,15.
ACH. *dernách* = geschach P 776,3.
gdch = dornach P 267,1. = geschach P 281,29. = sprach W 324,9.
nách = ersach P 18,21. 59,21. = geschach P 576,15. 729,29. 749,11. 760,3. W 85,9. 298,3. = jach P 108,7. 451,27. W 366,25. = rach W 408,23. = sach P 44,7. 118,23. 237,27. 240,23. 248,17. 349,17. 548,19. 550,5.

555,11. 669,11. 756,17. 809,3. W 132,7. 140,27. 230,11. 439,11. 440,21. =
sprach P 214,3. 529,19. 716,15. W 131,21. 134,19. = verjach P 163,1.
AHT. *Vergulaht* = bedâht P 402,7. 422,1.
brâht = geslaht W 78,19. 103,1. = maht W 149,29. 178,25. = vaht W 117,3.
bedâht = maht W 333,1.
naht = bedâht P 368,7. 412,27. 439,3. 581,19. 624,9. 641,23. 702,11. 775,21. W 334,25. = brâht P 17,23. 82,7. 638,17. W 126,1. 223,15. 240,17. 447,11. L 7,43. = erdâht P 731,23. = gedâht P 127,11. 203,1. 618,9. W 71,1. 199,15. = volbrâht W 110,9.
AHTE. *brâhte* = ahte W 245,7.
AHTEN. *brâhten* = ahten W 246,5.
AL. *Parzivâl* = schal P 193,17. 222,13. 242,3. = tal P 195,9. = wal P 182,7. 198,13. 207,11. 210,27. 778,5. = zal P 370,17. 446,3.
al = mâl W 439,1.
grâl = überwal P 235,23.
wal = emerâl W 72,11. 434,27. = grâl P 596,17. = spitâl P 522,7.
AM. *Adâm* = benam P 464,15. = nam P 518,1.
nam = krâm P 663,15. W 279,21. = râm W 218,7. = royâm P 251,3.
AMS. *Bertrams* = Gwillâms W 6,21.
AN. *Baligân* = gewan W 338,23.
Bêâlzenân = man P 261,19.
Bohedân = man W 356,29.
Brandigân = man P 181,19. 220,25.
Gâwân = an P 566,1. 588,23. 630,1. 672,5. = dan P 305,7. 331,21. 503,21. 512,13. 529,23. 534,1. 595,29. 599,25. 622,3. 636,21. 639,3. 641,17. 612,19. 653,21. 663,19. 666,23. 667,9. 677,13. 688,5. 696,5. 774,9. = fürspan P 583,17. = kan P 543,23. 632,11. 649,17. 650,15. = man P 298,5. 301,21. 304,27. 323,1. 335,1. 366,19. 422,11. 425,19. 426,25. 430,19. 505,21. 513,1. 514,21. 522,7. 524,9. 536,17. 537,11. 539,25. 547,9. 571,21. 593,19. 598,5. 607,23. 608,17. 611,7. 621,19. 626,1. 637,23. 646,27. 677,23. 685,5. = schifman P 548,15.
St. Germân = gewan W 68,9.
Indyân = Johan P 822,23.
Jordân = man W 4,27.
Oriman (Orman) = getân P 46,19. = sân P 52,19. 65,11.
Tauriân = dan P 271,11.
Venezjân = man W 240,29.
erlân = gewan P 586,29. = koufman P 544,23. = lantman W 300,13.
getân = an P 570,1. 802,19. = armman P 70,7. = dan P 663,3. 804,5. = gewan W 203,3. = houbetman P 763,23. W 28,17. 340,19. 370,3. = kan P 2,13. 732,15. = koufman W 115,27. 298,13. = versan P 161,7.
gewan = kastelân P 357,21. = ungetân P 97,29. = vasân W 134,11.
hân = an P 448,29. = armman W 170,7. = dan W 317,15. = dienstman P 580,13. = dran P 659,5. W 406,11. = fürspan P 176,1. = gan P 827,27. = gewan P 331,13. 367,11. 523,27. W 95,15. 178,15. = kan P

634,17. = koufman P 183,15. 356,13. W 116,15. 139,15. 175,27. = wan P 316,3.

man = bran W 46,3. = erlån W 393,9. = gån W 187,21. = getån P 7,21. 20,9. 24,25. 30,19. 43,25. 44,13. 49,15. 50,9. 55,11. 73,25. 75,19. 91,3. 110,3. 111,27. 126,9. 135,19. 141,5. 163,27. 198,21. 215,21. 220,15. 251,27. 268,7. 284,25. 286,5. 333,3. 379,1. 384,19. 388,5. 391,23. 411,3. 412,7. 416,17. 417,17. 457,1. 525,11. 615,15. 664,5. 695,9. 719,19. 744,29. 748,25. 750,27. 758,1. 766,1. 802,27. W 24,19. 69,15. 130,3. 131,11. 148,9. 160,7. 207,17. 244,1. 247,5. 252,15. 294,25. 325,23. 379,19. 385,17. 390,17. 413,15. 421,17. = hån P 2,5. 5,11. 14,11. 25,27. 39,17. 199,27. 224,17. 225,17. 228,19. 281,15. 285,27. 286,29. 296,21. 303,15. 308,27. 320,23. 324,3. 346,27. 355,23. 363,5. 365,27. 369,19. 373,25. 374,3. 401,29. 414,15. 440,7. 477,5. 483,23. 496,11. 525,7. 533,23. 618,19. 623,19. 660,17. 682,27. 698,29. 745,15. 747,1. 766,25. 813,17. 826,5. W 20,13. 80,27. 83,9. 114,9. 169,25. 171,25. 173,9. 189,17. 194,27. 210,11. 231,7. 250,3. 288,7. 291,13. 318,9. 348,7. 354,1. 396,21. 405,13,29. 457,11. = kappelån P 196,15. W 89,29. = kastelån P 121,23. W 70,9. 128,3. = lån P 161,17. 213,27. 543,5. 604,17. 635,9. 751,17. W 135,9. = missetån W 181,13. 291,23. 292,15. = plån P 156,21. 325,1. W 186,3. = sån P 28,9. 38,9. 42,3. 47,5. 58,23. 76,9. 79,7. 109,13. 150,3. 166,29. 179,7. 188,25. 193,21. 206,19. 228,1. 242,25. 245,29. 247,13. 259,27. 266,3. 273,23. 274,5. 275,5. 290,3. 320,7. 322,5. 423,1. 447,7. 717,1. 777,1. = trån P 602,23. = undertån P 13,17,23. 194,21. 519,19. 659,13. 753,9. W 347,11. = verlån P 458,25. W 287,1. = wån L 6,27.

missetån = koufman P 396,5.

plån = dan P 718,21. 720,21. = schifman P 618,29.

sån = dan P 274,13. = fürspan P 143,1. = getan P 390,29. = houbetman P 24,29. = koufman P 142,7. 352,15. 353,13. 408,1.

splilman = kappelån P 33,17.

undertån = ambetman W 212,5. = began W 101,15. = dienstman P 199,11. = versan P 332,5. = weideman P 225,3.

wolgetån = bran P 236,3.

ANDEN. *wånden* = handen P 228,3. = landen W 425,9.

ANS. *Urjåns* = gans P 424,19.

ANT. *hånt* = bekant P 424,29. = phant. W 260,27.

AR. *elår* = dar P 804,11. W 125,15. 313,19. = gar P 592,25. = gevar P 446,11. 636,27. 669,17. W 311,17. = war P 577,19.

gar = jår P 54,1. 753,17. = wår P 59,27.

hår = dar W 15,1. = gevar W 426,17. = var W 175,11. = war W 188,17.

AST. *gast* = pfnåst P 572,5.

AT. *Ranculdt* = stat P 9,13.

bat = låt P 365,1.

trat = muscåt P 790,1.

AZ. *Arraz* = gelåz W 142,17

ågraz = vråz P 238,27.

baz = gelåz W 224,29. 249,3.

saz = gåz W 277,11. = wåz W 144,5.

AZEN. *hazen* = mâzen P 427,29.
sâzen = goltvazen P 809,21.
AZTE. *grazte* = mâzte W 59,17.

Æ.

ÆCHE. *ræche* = bespræche P 413,11. = bræche W 177,23. 402,7. = gebræche P 412,9. = gespræche P 713,27. = spræche T 123. = verspræche P 219,29. 450,1.
spræche = gebræche W 195,25. = gespræche P 704,1. = spræche P 217,1.
ÆCHEN. *bespræchen* = ræchen W 304,7.
ÆGE. *Norwæge* = læge P 357,13. = pflæge P 676,3. 728,13. = træge P 66,11. = untræge P 669,23.
læge = pflæge P 293,23. 399,15. 485,17. 514,7. 567,27. 799,23. W 445,11. = widerwæge P 563,3.
pflæge = bewæge P 455,7. = læge, unwæge L 6,31. = wæge P 406,7.
ÆGER. *vinæger* = unwæger P 551,21.
EHE. *geschæhe* = ersæhe W 223,5. = jæhe P 153,29. = sæhe P 756,15. = verjæhe P 396,11. 539,5. 562,19. = wortspæhe W 247,13.
sæhe = jæhe P 249,19. 425,9. 451,29. 683,5.
spæhe = ensæhe P 813,13. = smæhe W 191,3.
wæhe = gesæhe P 790,27. = smæhe P 75,11. = zæhe P 288,17.
ÆHEN. *dræhen* = næhen P 171,23.
sæhen = jæhen P 691,7.
smæhen = wæhen P 296,27.
EHER. *wæher* = zæher W 319,1.
EHET. *enphæhet* = dræhet P 470,11. = næhet T 5.
gesmæhet = genæhet W 303,21.
sæhet = jæhet P 751,19.
spæhet = væhet W 216,17.
EHTE. *æhte* = gedæhte P 528,13. = geslæhte W 258,29. 418,11.
bræhte = erdæhte P 126,17. = gedæhte P 7,29. 91,21. 453,7. = væhte P 421,17.
EHTEN. *bræhten* = dæhten P 625,23.
næhten = gedæhten W 96,27.
smæhten = wæhten W 4,23.
ELE. *hæle* = phæle T 158.
ÆME. *næme* = gezæme P 391,25. 486,29. 512,7. 546,19. 583,1. 731,19. W 82,27. 133,5,29. = quæme P 481,25. 484,11. = widerzæme P 250,1. = zæme P 133,27. 165,1. 824,17. W 80,23.
vernæme = gezæme W 325,21.
widerzæme = benæme P 610,17.
zæme = genæme W 107,29. = ungenæme W 158,11.
EMEN. *næmen* = ræmen P 578,15.
EN. *dræn* = bæn P 420,29. = wæn P 222,5.
ENE. *spæne* = wæne P 741,7.

ÆNSEL. *grünsel* = vlänsel P 113,7.
ÆRE. *lære* = forstære W 389,27. = kamerære P 423,3. = kramære P 562,23. = sparwære P 179,13. = swære W 190,9. = vischære P 142,17. = wære W 61,25. = zolnære P 531,17.
mære = burgære P 205,17. 581,15. = dienære W 26,7. = enbære T 119. = fischære P 491,13. = gebære P 202,17. W 461,13. T 144. = ungebære P 657,5. = suñenbære T 104. = kamerære P 595,21. = klosnære P 439,13. = kochære P 139,9. 157,17. = lære P 110,9. 116,9. 219,13. 252,1. 437,15. 539,19. 810,3. = luoderære W 44,17. = marnære P 19,15. W 438,17. = merkære P 297,5. = mifiære P 466,1. = muzersperwære P 605,3. = pfandære P 597,1. = pfeterære P 197,23. = rihtære P 10,27. = seigære P 272,15. = spärwære P 163,7. 277,27. 401,19. = swære P 62,13. 120,7. 153,25. = tavelrundære P 652,13. = valschære P 362,23. 363,15. = vischære P 144,5. 225,13. 315,27. = wære P 13,1. 16,29. 65,23. 78,19. 87,25. 91,7. 113,25. 133,13. 166,21. 169,7,27. 177,15. 189,13. 224,13. 238,1. 241,1. 317,21. 329,1. 338,17. 342,19. 381,5. 433,29. 441,29. 468,11. 501,25. 575,5. 577,27. 591,29. 627,3. 648,17. 686,7. 699,27. 704,23. 722,11. 761,3. 779,13. 792,15. 793,19. 822,3. W 4,9. 12,17. 28,3. 64,17. 80,1. 89,7. 91,9. 93,7. 106,11. 182,5. 208,27. 237,29. 282,27. 329,25. 369,17. 402,29. 428,7. 465,3.
swære = dienære W 356,25. = kamerære P 11,15. 236,25. 628,15. = kostebære W 204,3. = lære P 556,23. T 92. = lobesbære W 25,29. = nære P 204,17. 409,1. 501,15. 527,5. 555,7. = pfilære W 270,3. = stritpære W 431,1. = ungebære W 202,11. = valkenære P 721,17. = vischære P 165,19. = wære P 117,25. 261,15. 440,21. 619,5. 671,9. 730,19. W 100,17. 426,25. 429,23. = wehselmære P 422,3.
ungebære = gevære T 63. = wære P 713,25.
unmære = muzære W 273,11. = wære T 164. = wehselære P 353,25.
wære = Rômære W 338,19. = rhtære P 284,7. = bære P 209,19. = sældenbære W 154,19. = diensbietære P 767,27. = gebære P 455,5. 546,13. T 96. = helfære P 665,27. W 453,15. = kamerære P 192,21. 666,25. = pfetrære W 111,11. = pusûnære P 567,21. = schepfære P 451,11. = valkenære P 400,27. = verbære P 20,21. 615,25. 701,9. = videlære P 639,5. = vischære P 226,25.
ÆREN. *mæren* = bewæren T 66. = bogezichæren W 32,29. = burgæren P 355,21. = læren P 503,1. = wæren P 263,9. 347,25. 642,11. 655,15. 672,3. 798,13.
wæren = beswæren W 146,11. = enbæren W 449,21. = gebæren W 47,9. 66,3. = schiltæren P 505,7. = swæren P 23,3. 678,1. 773,19. = verbæren P 604,25. = vermæren W 274,19.
ÆRET. *bewæret* = erlæret P 345,3.
geschæret = unerværet P 424,3.
ÆT. *gedræt* = genæt P 14,27. 375,17 = gewæt P 226,15.
gesæt = genæt P 790,13. = wæt P 160,9.
ÆTE. *bæte* = erwæte W 222,29. = tæte. ræte L 6,20. = træte W 303,3. = wæte P 167,1.
dræte = wæte P 155,1.

spæte = kræte P 194,5.
støte = hæte T 19. = ræte P 712,29. W 104,3. = spæte T 46. = tæte P 186,13. 409,21. T 4. W 172,17.
tæte = bæte P 355,27. 551,13. 708,3. = dræte P 41,3. = geræte W 448,1. = gesæte W 361,17. = gewæte W 55,19. = hæte P 703,7. = ræte P 499,25. 439,25. W 211,27. = wæte W 408,9. = zespæte P 173,17.
ælræte = gewæte P 530,29.
ÆTEC. stætec = alrætec W 308,7.
ÆTEN. bøten = entæten P 280,25. = træten P 527,13.
ræten = unstæten P 533,17.
ÆZE. æze = sæze P 550,17. W 265,3. = vergæze P 166,3.
sæze = gæze P 572,9. 582,27. = vergæze P 116,3. W 132,19.
vergæze = truhsæze P 666,27.
ÆZEN. sæzen = vergæzen P 237,15.

AU.

AUT. *Lyppaut* = Schaut P 315,13. 386,19.

E.

ECKE. *decke* = wecke P 553,23.
ecke = recke W 442,11. = wecke P 248,13.
ECKEN. *recken* = decken P 259,3. = ecken P 706,11. = erstrecken P 35,29. = verdecken T 110.
stecken = volrecken W 309,29.
trecken = stecken W 321,23. = verdecken P 661,11. = wecken P 62,29. W 199,11.
verdecken = enblecken T 91. = umbestecken W 28,11.
ECKENT. *smeckent* = erstreckent W 62,17.
ECKET. *enblecket* = bedecket P 818,21. = verdecket P 776,29.
erwecket = verdecket P 333,1. 723,7. = vertrecket P 256,25. = volrecket P 652,3.
gestecket = bedecket P 782,19. = enblecket P 613,13. = getrecket P 799,19. W 115,3. = verdecket P 760,25.
getrecket = überdecket W 313,11. = unverdecket W 225,23.
volrecket = überdecket W 404,11. = verdecket W 215,21.
EFTE. *krefte* = botschefte T 6. = geselleschefte P 814,21. = W 84,5. 313,9. T 73. = heidenschefte W 179,27. 185,9. = meisterschefte P 579,21. = riterschefte P 678,21.
EGEN. *stegen* = engegen W 57,11. = megen P 743,11.
EGN. *megn* = huofslegen W 394,21.
ELLE. *geselle* = helle P 1,9. T 51. = ungeselle P 371,5. = welle P 620,7. 729,7. W 311,1.
gevelle = geschelle P 295,25.

ELLEN. *ellen* = gesellen P 278,25. 410,5. W 406,1. = gestellen P 317,29.
  gesellen = hellen P 291,25. = sellen P 516,1. 680,19. W 393,3. 411,19. = wellen P 718,27.
  pflihtgesellen = enwellen P 819,7.
  schellen = hellen P 287,3.
  snellen = erhellen T 133.
ELLES. *Frimutelles* = helles T 35.
ELLEST. *wellest* = sellest P 266,25.
ELLET. *gesellet* = wellet P 649,21.
  gevellet = gesellet P 133,21. W 380,5. = gestellet L 6,36. = wellet P 381,27.
ELN. *weln* = zeln P 367,23. W 110,5. 119,25. 314,23.
ELT. *erwelt* = schelt W 322,13.
  gezelt = erwelt P 221,23.
  verselt = gezelt P 256,17. = volzelt P 365,5. = welt P 218,11. W 52,27.
  zelt = erwelt W 268,25. = gewelt W 446,29.
ELTEN. *gesellen* = erwelten T 41.
EMDE. *hemde* = fremde T 81.
EMT. *erlemt* = gezemt P 95,17. 441,27.
ENDE. *Friende* = ellende W 267,23. 347,7. = hende W 282,21. 444,3. = sende W 316,21. = swende W 378,1.
  Mörende = hende W 359,9. 414,1.
  ellende = ende W 13,27. T 82. = geslende W 326,27. = missewende W 288,19. = wende P 635,25. T 61.
  ende = gebende P 107,23. W 110,27. = missewende P 499,27. = wende P 568,15.
  gebende = wende P 438,9.
  hende = ellende P 153,5. 262,27. 320,11. 771,13. 788,1. W 304,11. 432,1. 452,25. 455,29. = ende P 225,25. 484,5. 539,13. 560,7. 569,25. 576,1. 803,19. W 2,1. 331,27. 354,15. 363,29. 371,25. 400,5. 448,17. T 148. = gebende P 232,17. 426,27. 443,21. 486,5. 515,1. 556,13. W 373,29. 456,21. = genende T 2. = gesende T 136. = houbtgebende P 760,7. = missewende P 422,23. 497,19. W 146,1. 419,21. = steinwende W 59,23. = waltswende W 59,23. = wende P 40,7. 69,19. 361,11. 412,15. 566,5. 744,23. W 249,27.
  sende = missewende W 183,7.
ENDEC. *genendec* = unbendec W 387,11. = unwendec P 537,1. W 239,15. = wendec P 784,7. W 340,13.
  unwendec = bendec T 116.
ENDEN. *ernenden* = gesenden W 44,19. = senden W 320,9.
  erwenden = verenden T 168. = phenden T 93.
  genenden = missewenden W 355,1.
  henden = ellenden P 167,7. = senden P 110,13. 503,25. 551,7. = swenden P 79,21. = verpfenden P 657,19. = wenden P 231,27. 237,25. 492,19. 542,13.
  pfenden = swenden P 416,15.
  senden = erwenden P 543,19. = gebenden W 256,3. = wenden P 340,25. W 454,27.

wenden = enden P 56,29. = schenden W 281,13. 324,25.
ENDET. *erwendet* = geschendet W 251,15. = ungeschendet W 158,15.
gelendet = verpfendet P 307,27.
gendet = gelendet W 10,23. = gesendet P 425,23. = gewendet P 133,7.
gepfendet = verendet P 827,19. = verswendet P 769,11.
gesendet = geschendet W 343,13. = ungeschendet W 368,29. = wendet P 540,23.
sendet = unverendet W 37,25.
wendet = schendet W 169,19.
ENE. *zene* = sene W 408,29. = wene P 130,13.
ENEN. *menen* = erdenen P 211,19.
wenen = zenen P 572,7.
ENGE. *enge* = gedrenge W 40,15. = lenge W 324,13. = strenge P 179,17. 593,15. W 411,27.
gedrenge = gemenge P 216,29.
lenge = verhenge T 128.
ENGEN. *lengen* = sprengen P 602,3.
mengen = lengen P 277,9. = ersprengen P 777,21.
ENGET. *besenget* = gelenget W 198,21. = getwenget T 90.
erklenget = erlenget P 122,5. = ersprenget P 60,25.
ersprenget = gelenget W 202,15. = gemenget P 398,17.
gemenget = lenget T 52.
ENKE. *bedenke* = verkrenke T 62.
krenke = blenke P 810,29. = gedenke W 155,1. = gelenke P 232,29.
ENKEN. *bedenken* = schenken P 777,27.
entwenken = denken P 710,15. = gedenken L 9,10. = krenken P 534,3.
krenken = gedenken T 99.
verkrenken = denken P 650,5. T 87. = enken P 119,1. = erdenken P 684,1. = gedenken W 17,3. L 6,25. = wenken P 87,5. 751,13.
wenken = bedenken P 462,27. W 456,7. = denken P 386,9. = erdenken P 1,17. = gedenken W 252,17. 378,18. = schenken P 406,21. = senken P 174,3. 462,17. = überdenken W 229,7. = verdenken P 283,15.
ENKET. *gedenket* = krenket T 85.
gelenket = unverkrenket P 806,25.
gesenket = gewenket W 77,3.
genwenket = gehenket W 422,15. = gekrenket W 81,17.
verkrenket = behenket W 364,23. = gesenket P 266,13. = gewenket P 248,23. 269,13. 774,13. = verblenket T 140.
ENKENT. *wenkent* = überdenkent P 311,23.
ENNE. *deñe* = etsweñe W 322,19.
gebeñe = lebeñe P 373,21. W 259,25. = strebeñe T 155.
neñe = bekeñe W 258,21. = erkeñe T 130.
ENNEN. *beneñen* = bekeñen P 472,9. = erkeñen W 372,29. = zetreñen T 41.
erkeñen = hellebreñen W 454,17.
neñen = bekeñen P 411,21. W 410,15.. = erkeñen P 21,29. 140,11. 239,3. 388,3. 580,3. 667,17. 700,7. W 6,19. 50,3. 181,19. 319,15. 420,3. T 138. 152.

ENNENT. *urñeut* = erkeñent P 303,27.
ENNES. *lebeñes* = gebeñes W 37,21.
ENNEST. *neñest* = bekeñest W 119,25.
ENNET. *bekeñet* = unbeneñet W 128,13.
  beneñet = bekeñet W 153,3. 307,15. = erkeñet W 122,11. = unbekeñet W 133,9. = unerkeñet P 473,9.
  erkeñet = neñet W 1,21.
  geneñet = bekeñet P 498,27. 741,13. T 45. = erkeñet P 140,7. 469,5. 610,15. 752,29. 767,17. 783,5. W 422,3. = unerkeñet P 620,9.
ENS. *Orlens* = wens W 124,3.
ENSE. *gense* = gedense P 599,1.
ENT. *Gent* = béd schent P 313,3.
  Nourient = présent P 786,27.
  béd schent = firmament P 658,27.
  entwent = gesent W 243,21.
  gement = ungewent W 437,23.
  gewent = gesent P 189,11. 248,15. W 90,5. 193,29. = sent P 443,15. = versent P 265,19.
  prisent = soldiment P 77,5.
  sent = verwent P 291,29.
ENTE. *Ipotente* = prisente P 210,9.
  Kalomidente = Agatyrsiente P 687,11. = Trogodjente P 770,1.
  Neuriente = prisente P 375,13.
  Nouriente = lente P 790,15.
  sente = mente P 90,9. W 360,23. = pigmente W 276,5. = wente W 287,19.
ER. *Cler* = her W 294,19. 335,13. 364,1. 365,1. 389,11. 432,27. = wer W 330,5.
  her = lantwer P 768,1. = mer P 16,27. 25,23. 28,21. 31,15. 41.7. 152,23. 210,23. 663,25. 679,7. 681,5. 682,21. 731,17. 736,27. 750,7. 753,5. 771,9. W 12,23. 32,21. 56,1. 72,13. 178,23. 194,13. 223,27. 226,23. 300,29. 313,13. 319,9. 339,19. 363,21. 377,7. = wer P 16,13. 39,3. 43,29. 49,25. 93,13. 121,9. 131,19. 170,25. 190,23. 194,23. 196,23. 199,19. 203,25. 210,1. 226,19. 259,17. 286,9. 349,7. 362,13. 376,17. 380,15. 383,17. 408,17. 541,19. 611,3. 621,3. 639,19. 662,7. 664,9. 665,19. 667,5. 694,25. 700,1. 709,5. 719,7. 737,5. 786,19. 802,25. W 11,1. 13,7. 27,23. 29,9. 35,19. 50,21. 78,15. 88,15. 91,7. 96,21. 103,17. 111,15. 129,25. 150,19. 183,9. 197,25. 211,1. 227,11. 236,21. 239,11. 266,21. 290,11. 301,9. 306,23. 323,7. 325,11. 328,7. 332,17. 338,1. 341,27. 350,29. 358,7. 359,7. 361,11. 378,13. 404,27. 418,1. 424,7. 441,21. 454,1. 455,7. 460,3. 463,21.
  mer = sunderher W 336,23.
  wer = gampelher P 520,29. = ber P 564,29. = lebermer W 141,19. = ner P 451,19. = mer P 102,19. 151,5. 293,1. 426,3. 605,19. W 94,7. 412,15. 414,15. 415,19. 438,25. 461,21. = sunderher W 166,13. 305,1.
  ser = gewer P 87,13. — her W 96,5. 275,5. = sunderher W 447,23.
ERE. *here* = mere W 53,23.
ERKE. *merke* = sterke W 188,5. 219,27.
ERKET. *merket* = gesterket W 2,17.

ERN. *ernern* = erwern P 417,15. 517,7. = swern P 316,15. W 327,25.
 nern = erwern W 124,27.
 wern = beschern W 119,15. = ernern P 458,19. 504,19. 506,5. 535,17. 737,27. W 324,25. 422,13. = hern P 209,23. 356,1. = nern P 364,9. 534,7. W 86,17. 109,13. = verzern W 234,27. 241,7. 312,23.
 zern = erwern W 123,9. = nern P 552,1. = wern P 95,11. 100,17. 144,3.
ERS. *hers* = mers P 342,5.
ERT. *ernert* = unerwert P 570,21.
 erwert = ernert P 413,27. L 7,36. = gebert P 790,5. = gezert P 434,21. = zert P 332,29.
 gewert = ernert W 463,27. = vert P 195,29.
 vert = beschert W 251,5. = ernert W 109,3. 181,7. = erwert P 322,21. 784,15. W 115,19. 251,15. = unrewert P 343,19. = verhert L 1,20,21.
 verzert = erwert P 191,7. W 264,1. = verhert W 205,7. = rewert W 136,11. = unernert P 444,3. 643,11. = zerbert P 153,3.
 wert = beschert W 182,29. = nert P 781,27. = undervert P 726,21. = vert P 286,11. 466,15. = verzert P 198,19. W 177,29. = zert P 290,17. W 220,9.
ERTE. *herte* = gerte W 422,21. = geverte P 53,5. W 296,9. = ungeverte P 208,1. 445,5. = verte P 48,15. 101,23. 350,11. 446,15. T 137. 156. = werte P 265,1. 376,29. 384,13. 493,7. 571,27. W 69,23. 295,5. 369,5. T 11. 105.
 nerte = verzerte W 105,9. = werte P 528,15. 574,7. = zerte W 265,27.
 werte = danverte P 620,7. = verte T 75. = verzerte W 48,13. = zerte W 204,11.
ERTEN. *erwerten* = verzerten W 262,21.
 geverten = gerten W 202,7. = herten W 54,11.
 werten = ernerten W 403,7. = herten P 664,27. = zerten W 450,27.
ERTET. *behertet* = unverschertet P 625,19.
ES. *epistites* = optallies P 791,5.
 gagatromes = silenltes P 791,1.
 magnes = pirrltes P 791,21.
ESSE. *doschesse* = messe P 435,23.
 presse = wesse W 391,19.
EST. *nest* = sarapandratest P 50,5. 68,7.
ESTE. *beste* = hantveste P 160,19. = neste W 189,5. = veste P 403,17. W 251,21. 426,5.
 bleste = gleste P 604,3.
 geste = gleste P 630,9. = hantveste P 345,7. = reste P 216,1. = überleste W 268,11. = veste P 38,23. 54,7. W 95,1.
 überleste = hantveste W 391,27.
 veste = este W 403,25. = neste W 375,11.
ESTEN. *besten* = gesten P 222,27. W 5,7. = glesten P 263,5. 377,13. L 7,17. = überglesten W 313,21. = vesten P 375,7.
 gesten = erglesten W 336,19. = glesten P 381,13. = lesten P 641,11. W 209,7.
 glesten = vesten P 723,29. W 355,5.

ETTE. *wette* = spanbette P 230,17.
ETZE. *letze* = ergetze W 232,29. = gesetze P 378,27. = netze P 40,25. 152,3.
ETZEN. *ergetzen* = gesetzen W 234,17. = letzen P 267,23. 276,25. W 216,27. = setzen W 173,5. 193,5. 323,23.
  letzen = hetzen P 298,29.
ETZET. *entsetzet* = gewetzet P 379,23.
  ergetzet = wetzet P 616,9.
  getetzet = benetzet P 572,13. = entsetzet P 350,5. = ergetzet P 239,27. W 101,11. 388,15. T 170. = gesetzet P 507,3. = versetzet P 561,9.
  letzet = versetzet P 614,21.

Ë.

ÊBE. *gebe* = lebe P 116,21. 371,19. 561,19. 645,17. 655,17. W 156,13. 231,17. 337,7. 460,19,25.
ÊBEL. *frebel* = nebel P 302,13. W 253,29.
ÊBEN. *leben* = geben P 475,25. W 55,25. 171,29. 194,21. 419,23. L 6,5. = gegeben P 590,29. W 49,17. 80,29. 210,5. = râtgeben P 426,9. = streben W 41,29. 194,3. L 6,5.
ÊBENDE. *lebende* = gebende W 64,25.
ÊBENE. *ebene* = vergebene P 443,27.
ÊBET. *lebet* = strebet P 9,23.
ÊBETE. *lebete* = strebete W 227,21. 404,5. = swebete P 575,15.
ÊBETEN. *lebeten* = strebeten W 159,15. 180,11.
ÊBN. *benebn* = gebn W 247,27.
  lebn = ergebn P 344,25. 481,1. 685,1. 693,25. 823,19. = gebn P 77,15. 150,5,21. 175,11. 178,1. 266,7. 276,5. 287,25. 293,13. 301,3. 394,15. 411,23. 499,17. 511,17. 539,3. 577,5. 587,3. 609,25. 666,9. 734,27. 766,13. 768,15. W 69,9. 91,27. 109,17. 116,17. 134,29. 136,5. 152,17. 160,21. 167,1. 175,29. 212,7. 221,25. 245,29. 293,21. 339,13. 392,21. = gegebn P 29,15. 33,29. 52,27. 124,19. 154,13. 198,7. 252,21. 259,15. 268,5. 310,29. 321,27. 326,7. 332,3. 367,9. 370,15. 418,13. 436,15. 448,15. 452,23. 471,13. 492,9. 494,25. 502,21. 559,11. 594,29. 603,27. 623,17. 635,17. 701,15. 730,3. 741,17,23. 751,27. W 79,23. 82,25. 85,27. 101,19. 194,17. 215,5. 253,17. 262,5. 272,3. 305,29. 312,19. 340,7. 354,21. 359,1. 402,15. 417,23. = râtgebn W 222,19. übergebn W 162,21. = vergebn P 810,25.
ÊBT. *lebt* = gebt P 570,19. W 262,23. = gestrebt W 387,13. = geswebt W 453,23. = swebt P 470,17. W.45,13.
  strebt = gelebt P 109,5.
ÊBTE. *lebte* = strebte P 262,5. 505,25. 751,21. W 371,19. 448,29. = swebte P 602,25.
ÊBTEN. *lebten* = strebten P 768,5. W 19,29. 256,9.
ÊC. *Alimec* = wec W 74,23.
  Erec = quec P 134,5.
  Iterlec = wec P 121,27.
  stec = wec P 511,21. 514,25.

ÊCHE. *gereche* = durchsteche P 199,1.
  reche = spreche W 237,7. = verspreche P 516,5.
  zeche = gespreche P 627,9. = spreche P 711,3. = vreche P 5,21.
ÊCHEN. *brechen* = sprechen P 337,25. 390,5. = stechen P 349,5. W 436,19.
  = verstechen P 158,9.
  gerechen = zechen P 141,27.
  rechen = brechen W 108,25. = durchbrechen W 54,15. = gezechen W
    181,5. = sprechen P 238,19. 294,25. 418,27. 617,3. 725,7. 826,29. W 11,11.
    31,1. 198,5. 217,5. 298,29. 347,13. = stechen P 529,15. = versprechen P
    816,27. W 157,15. = zebrechen W 301,15.
  sprechen = stechen W 391,29. = zebrechen W 154,3. 192,9. = zechen P
    713,17. = zerbrechen T 107. 163.
  stechen = vrechen P 66,27.
ÊCHET. *brechet* = rechet P 554,11.
ÊCKE. *erschrecke* = quecke W 268,19.
ÊDERN. *ledern* = vedern P 144,27.
ÊGE. *wege* = pflege P 8,15. 100,1. 226,5. 328,7. 406,25. 438,23. 531,15. 720,17.
    765,11. 826,23. W 314,5. = enpflege P 239,29.
  widerwege = pflege P 4,3.
ÊGEN. *degen* = bewegen P 259,19. 418,3. = gepflegen P 447,1. = regen P
    191,29. 265,27. = stegen P 187,1. 246,27. = verpflegen P 688,15.
  gelegen = bewegen L 8,25. = gepflegen P 628,5. W 238,23. = wegen
    W 22,7.
  pflegen = belegen W 27,21. 51,5. = bewegen P 402,25. 412,5. W 216,1.
    259,25. 328,25. 357,7. = gelegen W 184,11. = gewegen W 51,17. =
    segen P 253,25. 502,9. W 17,9. 31,29. 299,15. = wegen P 649,25.
    W 109,9.
  regen = belegen W 53,5. = gepblegen W 456,25. = umbelegen W 99,1.
  segen = belegen W 48,11.
ÊGN. *gepflegn* = bewegn P 404,25. W 158,7. = wegn W 285,9.
  pflegn = belegn W 97,27. 106,5. 258,11. = bewegn P 235,29. 493,19. 514,1.
    631,29. 640,17. = degn P 208,23. 275,9. 284,1. = gelegn P 305,1. W
    112,13. 234,29. 249,1. 323,21. 345,25. = gewegn P 744,1. W 355,27. =
    regn P 330,21. = segn P 107,17. 279,25. 494,11. 507,23. 574,29. 635,23.
    818,13. W 263,27. 406,17. = überwegn W 256,29. = umbelegn W 120,23.
    = verlegn P 434,9. W 357,29. = wegn P 272,17. W 444,11. 465,23. =
    widerwegn W 279,27.
  verpflegn = bewegn P 495,7. = gelegn W 240,7.
ÊGET. *reget* = geleget P 156,23.
ÊGETE. *regete* = wegete P 576,5.
ÊGT. *gelegt* = erwegt P 437,27. W 121,17.
  regt = gelegt P 323,5. W 125,21. = legt P 287,13. = tregt P 103,21.
    698,5.
  tregt = erwegt W 168,29. 337,17. 366,29. = legt W 150,9.
ÊGTE. *legte* = regte P 452,11.
ÊGTEN. *legten* = wegten P 233,27. W 38,21.
ÊHE. *gesehe* = geschehe P 198,29. 332,15. = jehe W 403,3. = verjehe W 49,19.

ÉHEN. — ÉL.

sehe = jehe P 427,15. W 181,25. = spehe P 164,13.
ÉHEN. *ersehen* = prehen P 71,1. = sehehen P 69,7.
geschehen = besehen W 452,11. = ersehen P 125,19. 300,9. 407,7. W 243,23. = gesehen P 88,11. 152,21. 250,29. 433,23. W 9,5. 106,13. 130,25. 190,25. 208,15. 333,19. = jehen P 26,19. 28,25. 50,11. 289,15. 544,27. W 107,19. 155,23. 250,13. 272,25. 325,1. 445,29. L 5,26,27. = sehen P 30,5: 41,29. 104,17. 276,17. 637,27. W 44,29. 157,23. 245,17. 423,19. 455,1. 458,19. = übersehen W 1,13. = verjehen P 286,19.
gesehen = verjehen P 262,21.
jehen = ersehen W 158,25. 205,11. 214,27. = gesehen P 12,29. 18,11. 574,11. 638,21. W 65,21. 235,3. 261,5. 312,11. 317,7. 332,5. 353,5. 379,17. 389,23. 401,9. 421,3. 454,3. 463,15. 466,15. = sehen P 6,19. 301,25. W 129,19. 184,1. 187,5. 244,15. 245,11. 421,25. = spehen P 364,1. W 3,25. = versehen P 7,1. W 251,27.
sehen = gespehen W 92,3. = prehen W 367,27. = spehen P 171,21. W 69,29. 313,15.
spehen = gesehen P 29,3. = versehen W 301,29.
ÉHENT. *sehent* = spehent P 535,23.
ÉHER. *sweher* = heher W 407,9. = jeher W 183,1.
ÉHN. *besehn* = volspehn P 334,23.
geschehn = ersehn P 679,21. 785,9. = gesehn P 83,21. 167,27. 250,7. 258,5. 340,11. 506,1. 536,5. 565,27. 598,11. 691,19. 755,19. = sehn P 165,3. 281,1. 350,1. 364,23. 370,29. 377,15. 507,11. 579,25. 685,29. 712,21. 723,17. 749,1. 787,5.
gesehn = ungeschehn P 441,13.
jehn = ersehn P 510,17. 707,13. = geschehn P 213,7. 384,17. 475,7. 528,3. 532,17. 556,1. 571,7. 637,15. 665,29. 689,13. 612,7. 827,29. = gesehn P 329,25. 343,5. 460,15. 466,15. 469,19. 497,27. 543,21. 607,13. 612,11. 715,13. 813,11. = sehn P 41,5. 393,9. 394,3. 645,19. 696,1. 716,29. 720,19. 732,23. 763,21. = spehn P 404,7. 709,23. 752,3. 758,3.
spehn = ersehn P 311,15. = geschehn P 299,21. = sehn P 123,1. 359,9. 379,7. 678,5. 718,15. 761,21.
verjehn = ersehn P 746,23. = geschehn P 189,23. 610,3. = gesehn P 554,29. 596,29. = sehn P 415,23. 604,19. = spehn P 591,1.
ÉHT. *fürcht* = reht P 548,3. 737,9. = sleht P 601,9.
jeht = reht P 309,3. = speht P 228,21.
kneht = lantreht P 154,21. = reht P 162,25. 473,1. 523,29. 645,9. W 146,27.
reht = sleht P 4,11. 12,25. 79,9. 241,13. 264,25. 347,23. 657,21. 662,25. 689,25. 766,21. 805,15. W 171,15. 235,23. 384,17. 385,1.
seht = speht W 113,1.
sleht = bähestreht P 13,29. = gereht W 295,13.
ÉHTE. *Laudundrehte* = Redunzehte P 772,19.
rehte = vehte P 701,25.
spehte = verschehte W 97,5.
ÉHTEN. *rehten* = übervehten P 717,13. = vehten P 709,17.
slehten = vlehten L 1,24. 2,1.
ÉL. *Amirafel* = hel W 360,5.

Frimutel $=$ sinewel P 230,3. $=$ snel P 474,11. $=$ vel P 513,1.
Ringrimursel $=$ hel P 339,9. $=$ snel P 324,21. 412,1. 417,11. 432,23. 503,19. $=$ vel P 411,7. 421,29. $=$ wastel P 423,21.
Lunel $=$ vel P 506,15.
Munsurel $=$ hel W 428,21.
Nônel $=$ schapel P 234,11.
Pinel $=$ hel W 45,19. $=$ snel W 46,13.
Purrel $=$ Lunzel W 428,29. $=$ Muntunzel W 426,11. $=$ hel W 427,1. $=$ snel W 425,13. 429,9.
Schirniel $=$ Mirabel P 772,1. $=$ hel P 384,7. $=$ snel P 354,19.
Tôtel $=$ snel W 37,7.
Tyturel $=$ Frimutel P 251,5. 455,17. $=$ sinwel P 516,21. $=$ vel P 501,21.
hel $=$ tropel W 57,9.
snel $=$ bispel P 1,15. 241,9. $=$ gügerel P 145,19. $=$ hel P 116,7. 122,9. 180,21. 546,17. 660,7. W 333,25. $=$ kastel P 535,7. $=$ sinewel P 258,27. 566,17. $=$ spel P 809,23. $=$ tumbrel W 373,23. $=$ vel P 51,17. 55,5. 124,11. 146,27. 174,9. 268,19. 306,23. 440,27. 466,25. 622,27. 747,11. W 35,23. 270,17. 351,17. 384,29.
vel $=$ hel P 531,27. $=$ schapel P 776,7. $=$ sinewel W 246,27.
wastel $=$ barel P 622,9. $=$ mursel P 551,5.
zunel $=$ hel W 382,15.

ÈLDE. *velde* $=$ gezelde P 711,13. $=$ melde P 592,7. T 103.
ÈLFE. *Welfe* $=$ helfe W 381,25.
ÈLM. *helm* $=$ melm P 75,15. 80,19. W 24,27. 330,15. 350,21.
ÈLN. *steln* $=$ heln P 8,23. 185,3. 643,1. $=$ verheln P 55,23.
versteln $=$ heln P 814,9. W 196,25. $=$ queln W 218,19.
ÈLT. *gezelt* $=$ gelt P 52,25. 61,9. 304,7. W 411,27. $=$ gequelt W 271,3.
velt $=$ gelt P 79,9. 197,19. 362,29. 544,11. W 110,17. 256,23. $=$ gezelt P 16,25. 27,15. 64,25. 309,13. 398,19. 671,17. 699,23. 725,21. 727,27. 760,27. W 16,7. 99,5. 277,27. 316,5. 319,21. 323,25. $=$ hôchgezelt P 756,11. $=$ übergelt W 241,3. $=$ zelt P 779,1. $=$ zwigelt W 151,3.
ÈLTEN. *engelten* $=$ schelten P 473,17.
gelten $=$ beschelten P 215,13. $=$ schelten P 322,9.
gezelten $=$ enkelten P 666,5.
selten $=$ enkelten P 485,7. 561,1. W 173,13. $=$ gelten P 31,25. W 385,19. T 18. 117. $=$ gezelten P 513,7. $=$ vergelten P 519,25.
ÈM. *dem* $=$ genem P 588,1.
nem $=$ gezem W 44,23. 402,19.
schem $=$ dem W 218,3. $=$ genem P 58,29. $=$ gezem P 710,15. $=$ nem P 193,7.
ÈME. *breme* $=$ neme W 335,7.
deme $=$ scheme W 318,1.
ÈMEN. *gezemen* $=$ nemen P 17,27. 174,5. 356,11. 373,11. 744,15. 768,17. W 260,29. 277,15. $=$ vernemen P 463,27. W 26,5.
nemen $=$ schemen P 358,19. 578,17.
ÈMN. *gezemn* $=$ genemn P 659,7. $=$ nemn P 136,15. 143,27. 246,17. 545,19.

ËMT. — ËRN.

599,17. 604,5. 622,15. W 145,29. 263,29. = vernemn P 331,7. = verschemn P 170,15.
nemn = verschemn P 322,1.
schemn = genemn P 176,7. = nemn P 167,23. 338,29. W 135,25. 399,15.
ËMT. *nemt* = verschemt P 90,3.
ËNT. *Trevrizent* = lent P 251,15. 268,29.
ËR. *Jupiter* = her P 789,5. 810,27. = wer P 748,19. 768,29.
der = sper W 123,19.
ger = ber P 313,29. = der P 613,3. W 264,11. 446,27. = er P 109,23. 666,29. 769,25. W 169,29. = gewer P 323,25. = sper P 79,23. 111,19. 115,15. 145,25. 158,5. 246,29. 260,27. 290,11. 472,3. 479,7. 664,15. 730,12. 807,21. 812,5. W 23,21. 215,19. 243,12. 431,13. = verber 727,3.
her = der W 207,5. = er P 443,5. = ger P 29,7. 32,5. 47,25. 95,13. 120,23. 193,25. 505,29. 535,25. 570,7. 593,5. 610,29. 638,25. 642,15. 650,1. 721,27. 778,25. W 29,25. 128,23. 147,9. 174,15. 230,23. 241,9. 244,7. 323,15. 340,15. 353,17. = gewer P 412,25. = sper P 106,23. 211,11. 255,11. 254,3. 295,11. 302,17. 349,19. 460,17. 593,23. 597,15. 603,5. 661,13. 674,15. W 68,23. 72,25. 77,1. 330,17. 334,1. 372,13. = wer P 319,19. 368,15. 415,15. 457,3. 484,19. 502,25. 560,15. W 120,5. 315,23.
wer = alher P 268,1. = er P 58,17. 758,11. = ger P 161,5. 546,15. 550,21. 635,29. 647,15. 668,19. W 149,23. = sper P 37,27. 159,9. 316,27. 440,3. 489,21. 595,3. W 171,23. 280,11.
ËRBE. *rewerbe* = sterbe W 164,21.
verderbe = erwerbe T 77. = gewerbe P 819,15. = werbe T 68.
ËRBEN. *ersterben* = erwerben P 151,15. 416,1. 424,23. 698,11. W 350,13. = werben W 299,29.
sterben = erwerben P 523,23. 560,11. 566,9. 711,27. 740,17. 788,29. W 94,29. 399,13. = gewerben W 355,23. = verderben P 539,23. W 10,25. = werben W 102,5. 184,9. 338,17.
verderben = erwerben P 292,23. 786,9. T 124. = zerwerben P 782,21. = werben P 635,19. 650,27. W 92,9. 139,5. 402,27. T 167.
ËRC. *Abenberc* = were P 227,13.
Wildenberc = were P 230,13.
berc = antwerc W 111,5. = were P 352,1. 358,3. 508,1. 658,19. 787,25.
were = geberc P 410,9. = halsperc P 157,11. W 356,13.
ËRCH. *verch* = entwerch W 108,3. = twerch W 347,27.
ËRDE. *erde* = werde P 40,29. 216,3. 223,1. 291,9. 378,1. 516,25. 520,9. 645,29. W 2,5. 46,27. 60,29. 123,29. 135,3. 311,23. 443,27. 453,21.
ËRDEN. *werdon* = erden P 254,25. 280,5. 308,1. 316,9. 340,13. 381,25. 463,17. 471,19. 496,1. 659,11. 674,19. 706,7. W 10,13. 19,9. 90,9. 106,15. 184,17. 215,13. 225,15. 313,23. 345,11. 393,21. 417,7. 421,15. 462,21. 465,17. T 21. = pferden P 718,13.
ËRGEN. *bergen* = getwergen W 57,23.
ËRHE. *verhe* = twerhe P 579,17. W 449,3.
ËRN. *gern* = enbern P 83,19. 554,15. W 204,27. = gewern P 96,21. 331,29. 384,25. W 252,19. = spern W 220,13. 341,19. = verbern P 39,5. 556,21. 595,9. = wern P 6,23. 179,1. 352,25. 431,15. 600,23. 616,21. 733,17.

741,29. 745,23. 787,11. 811,17. W 39,17. 101,17. 115,29. 130,27. 138,7.
172,3. 177,17. 196,19. L 7,30.
gewern = bern W 117,21. = enbern P 368,5. = spern W 61,15. = verbern P 515,15.
wern = bern P 371,9. W 38,15. = enbern W 247,21. = verbern P 677,7. 728,3. L 6,12.

ËRNDE. *gernde* = wernde P 530,15.
ËRNDEN. *gernden* = wernden W 155,9.
ËRNE. *Pålerne* = gerne W 84,11. = ungerne W 205,23.
Todjerne = gerne W 28,23. 72,19. 221,1. 262,13. 343,23. = sterne W 364,3. = ungerne W 294,15.
gerne = gelerne P 439,17. 517,9. 725,13. W 163,3. = kerne P 429,25. = lerne P 260,1. 699,9. T 1.
ËRNEN. *kernen* = lernen W 322,15. = sternen P 613,19.
zisternen = lernen P 661,23.
ËRNET. *kernet* = gelernet P 254,17.
ËRNT. *gernt* = wernt P 2,7. 67,3. 684,9.
ËRRE. *Averre* = werre P 91,23.
Iserterre = verre P 196,27. 220,5.
verre = terre P 685,21. 753,3. 761,29. = werre W 383,17. T 112.
ËRREN. *werren* = verren P 76,29.
ËRS. *Ndvers* = spers P 665,7.
Nivers = gers W 413,17.
ËRST. *gerst* = gewerst P 373,29. = werst P 266,15. W 156,15. 194,7.
ËRT. *Gybert* = swert W 380,23. 433,21. = ungewert W 379,9. = wert W 6,29. 171,21. 179,15. 238,17. 264,29. 311,1.
Ibert = wert P 656,25.
Schilbert = wert W 249,29.
gegert = gewert P 552,27. = pfert P 515,23. = swert P 380,13. = ungewert P 241,21. 369,21.
gert = entwert W 3,13. = enwert P 511,7. = gewert P 87,3. 99,25. 168,29. 373,1. 494,9. 536,29. 593,27. 634,13. W 134,17. 263,3. 465,25. = swert P 124,5. 370,25. 674,7. W 60,1. 172,29. = ungewert P 801,13.
gewert = pfert P 512,23. = swert P 501,1. 745,5. 747,3. W 430,21.
swert = unwert P 688,21.
vert = gegert P 33,25. 71,5. 185,23. 223,25. 234,25. 306,5. 318,13. 454,29. 611,25. 619,21. = gert P 12,7. 26,9. 34,21. 64,7. 221,3. 290,1. 345,9. 370,3. 374,17. 478,13. 516,5. W 218,1. 273,9. 459,1. = pfert P 63,13. 89,3. 126,19. 256,29. 274,1. 513,21. 514,11. 521,9. 615,17. 624,13. 666,17. 784,21. = swert P 42,21. 73,27. 157,21. 186,27. 239,19. 246,1. 248,27. 253,23. 292,29. 302,21. 355,7. 367,25. 407,25. 414,13. 451,17. 541,11. 562,1. 595,11. 596,23. 744,9. 754,23. W 20,19. 37,9. 63,7. 137,15. 143,15. 266,15. 295,3. 315,11. 332,15. 410,23. 416,25.
ËRTE. *engerte* = swerte T 23.
gerte = merte W 176,11. = swerte P 264,21. 503,27. W 227,13. = gewerte P 346,13. 430,21. 596,3. 674,23. 764,3. W 191,27. 298,19. T 13. =

werte P 4,20. 9,29. 153,27. 160,9. 174,7. 202,13. 293,21. 298,17. 494,17. 547,21. 700,23. 766,29. W 23,19. 195,19. 196,13. 429,13.
werte = swerte W 236,11. 428,11.
ËRTEN. *swerten* = gegerten W 409,3. = gerten P 74,3. 151,15. 263,1. 537,15. W 374,11. 401,21. 407,15. = werten P 691,21.
werten = gerten W 267,13. 304,23. 362,15.
ËRZE. *herze* = smerze P 580,11. 584,15. W 445,17. 419,23. = terze L 9,14.
ËRZEN. *herzen* = lerzen W 46,7. = smerzen P 477,9. 482,27. 508,29. T 98.
ËS. *Alligues* = des W 74,21.
Ercules = des P 773,21. W 141,17. 359,11.
Filones = Killikrates P 770,11.
Fristines = Meiones P 770,23.
Gâlôes = Kyllicrates P 687,5. = des P 80,13. 92,17. 134,23. 346,15. 420,9.
Galogandres = Gippones P 205,9.
Isajes = des P 662,21.
Palprimes = des W 428,13.
Scherules = des P 361,3. 392,7. 393,7. 432,17.
Tranzes = wes P 419,13.
des = wes P 598,15. 825,23.
ËSEN. *gelesen* = wesen P 781,15.
genesen = gewesen P 19,29. 169,9. 253,11. 327,7. 348,9. W 176,23. 228,3. 370,19. 411,9. = wesen P 17,19. 96,25. 413,9. 454,7. 500,11. 522,5. W 40,5. 72,15. 123,1. 137,13. 231,5. 258,15. 420,9. 466,25.
ËSN. *gelesn* = wesn P 32,25. 649,7.
genesn = gewesn P 184,5. 250,11. W 148,5. = wesn P 171,29. 322,19. 351,17. 422,25. 523,9. 527,25. 543,17. 564,21. 594,27. 675,3.
ËSTER. *Berbester* = swester W 329,15. 380,21. T 42.
Sinzester = swester P 605,7. 722,17.
swester = wester W 283,13.
ËT. *Dôlet* = Kaylet P 58,29. = Trebucbet P 261,1.
Gahmuret = Kaylet P 84,11. = Iwânet P 153,21. = clâret P 809,29. = gebet P 122,27. 197,1. 475,1. = wet P 74,25.
gewet = getret P 133,1. 704,13.
ËTE. *Gahmurete* = bete P 6,13. 22,29. 40,5. 45,29. 47,27. 52,21. 64,15. 78,17. 89,29. 110,15. 406,3. = gewete P 326,3.
Gringuljete = bete P 339,29. 540,17. 597,21.
Kaylete = bete P 65,15.
Latrisete = bete W 254,27.
Lûnete = bete P 436,5.
Mahmete = trete W 17,21.
Mahumete = bete W 217,19.
bete = clârete W 274,27. = mete P 154,21.
ËTEN. *Gahmureten* = erbeten P 113,13. = erjeten P 317,11. = übertreten P 586,19.
Glorjeten = gebeten W 245,25.
Gringuljeten = gebeten P 549,7. 620,5.
Kayleten = geweten P 74,27.

Latriseten = beten W 36,19. = gebeten W 81,7. = geweten W 378,25.
Mahmeten = gebeten W 9,7.
Mahumeten = gebeten W 310,3.
erbeten = erjeten W 141,25.
gebeten = breten W 212,19. = getreten P 415.1 .
ËTET. *getretet* = gewetet P 387,21.
ËTN. *Gringuljetn* = gebetn P 678,9.
Latrisetn = erjetn W 317,3.
ËTT. *getrett* = errett W 389,9. = gewett W 56,13. 436,13.
ËTTE. *Schúette* = Kaylette P 92,23. = talfinette T 126.
ËVEN. *Steven* = neven W 89,3.
ËZZEN. *ezzen* = gegezzen P 582,15. = gesezzen W 312,9.
gesezzen = unvergezzen P 738,29.
vergezzen = ezzen P 136,27. 697,13. 731,9. W 314,27. = gemezzen P 114,29.
669,15. W 437,3. T 130. = gesezzen P 565,21. = mezzen P 409,13.
T 33. = umbesezzen W 208,29. = undersezzen W 251,1. = vermezzen
T 108.
vermezzen = besezzen P 32,9. W 91,23.

Ë = E.

ECKEN. *quëcken* = barnstecken W 235,5. = snecken P 668,1.
EGEN. *slegen* = legen W 137,11.
wëgen = egen P 124,29. = huofslegen P 120,15.
EGN. *lëgn* = megn W 246,25. = slegn P 111,25. 124,7. W 396,15. 427,27.
megn = überlegn P 674,11.
EGET. *meget* = reget P 783,11.
EHTE. *rëhte* = chte P 233,25. W 415,13. = gebrehte P 422,7. = geslehte
P 253,27. 455,15. 483,17. 585,11. 680,1. 790,29. 827,15. W 13,29. 16,27.
64,19. 73,21. 150,29. 173,11. 192,29. 217,29. 283,7. 291,27. 292,21. 331,11.
347,19.
EHTES. *rëhtes* = geslehtes P 618,29. W 43,3. T 53.
ELLE. *snëlle* = helle T 9. = velle W 201,23.
ELT. *hëlt* = erwelt P 305,3. 335,17. 473,25. 693,19. W 98,23. = verselt P
287,5. 397,29.
ENE. *jëne* = sene P 582,1.
ENKEL. *schënkel* = swenkel P 212,15.
ENT. *Trevrizënt* = soldiment P 493,9.
ER. *gër* = gener W 135,1.
ERBE. *erbe* = sterbe W 339,1. = verderbe T 77.
ERBEN. *erben* = erstërben P 513,7. = stërben P 213,17. = verdërben P 596,25.
W 182,17. 221,19. T 4.
gerbet = verdërbet W 455,15. T 126.
ERBET. *gewërbet* = gerbet W 383,21.
ERN. *gewëru* = gezern W 365,19.
wern = gebërn P 470,15. = spërn W 411,15.

4

ESTER. *swëster* = vester P 376,21. W 229,25.
ETE. *bëte* = stete P 621,23. 746,5.
ETT. *getrëtt* = errett W 389,9.

Ê.

Ê. *Antikotê* = Salatrê W 77,25.
Bodemse' = wê W 377,5.
Cernubitê = snê W 408,1.
Clamidê = Niñivê P 306,13. = Thasmê P 743,29. = Ukersê P 210,11. = ê P 181,17. 205,25. 207,5. 212,21. 277,5. 336,7. 425,13. = wê P 194,13. 203,11. 208,19. 215,27. 302,11. 311,3. 327,27. 389,9.
Cundriê = ê P 729,3. 758,25. 764,11.
Esserê = ê W 430,19.
Falfundê = ergê W 17,27. = wê W 45,29. 362,7. 414,7. 419,3.
Falturmiê = Kalafrê W 255,11. = ê W 25,27. = gestê W 56,21. = stê W 87,7. = wê W 106,29. 206,9. 344,13.
Galafrê = wê W 26,29. 363,3.
Gibuê = ê W 442,23.
Itonjê = Cundriê P 334,19. 591,9. 634,29. 641,29. 669,25. 730,27. = ê P 727,1. 729,27. 765,17. = rê P 586,21. = snê P 728,15. = wê P 607,11. 631,5. 633,15. 711,9.
Niñivê = Thasmê P 629,21. = ê P 14,5. 235,11. = rê P 111,21. = wê P 102,13.
Tampastê = Falturmiê W 371,3. = Faussabrê W 27,7. 344,7. = Galafrê W 46,19. = wê W 442,29.
Thasmê = alôê W 444,15. = lignalôê W 375,23. = ê P 745,25. 760,7. 808,7. = wê P 739,23. W 452,29.
Trohazzohê = ê W 367,21. 432,29. = snê W 388,7.
alôê = ê P 230,11. 790,7. W 69,11. = wê P 484,17.
ê = bestê W 224,27. = drianthasmê P 775,5. = ê W 465,19. = gestê W 162,1. = klê P 498,9. = salzsê W 438,13. = sê P 826,27. W 191,11. = snê P 233,29. 288,1. 295,7. 304,23. 446,5. 455,25. 797,9. 802,1. W 366,5. = stê P 500,21. W 297,11. 299,7. = wê P 22,9. 55,29. 94,15. 108,21. 290,7. 437,7. 440,11. 468,5. 469,13. 483,27. 492,23. 496,27. 588,5. 649,27. 789,9. W 75,13. 228,25. 247,9. 281,29. 307,25.
ergê = bestê W 39,27. = gestê P 102,23. = stê P 354,3. W 306,25. = wê P 264,29.
sê = gestê P 225,1.
snê = zergê P 485,11.
stê = gê P 171,19. = saranthasmê P 629,27.
wê = aspindê P 741,1. = gê P 545,21. = klê P 505,11. W 133,1. = lê W 392,9. = mâ voiê P 521,27. = rê P 53,1. 107,5. 321,13. W 305,25. 451,0. = saranthasmê P 756,27. = sê P 58,3. 340,3. 491,5. = snê P 120,5. 282,19. 299,7. 338,19. 459,1. 459,27. 490,11. 565,11. 586,15. = stê P 233,19. = trachontê P 483,5.

ÈCH. *lèch* = verzèch P 401,1. 488,25.
ÈDE. *bède* = grède P 794,7. 806,11. W 139,21.
ÈHEN. *lèhen* = vèhen P 414,11. W 126,29. 358,5. = vlèhen P 421,25.
ÈLE. *Gymèle* = Rybèle P 573,15.
ÈN. *Tabrastèn* = vergèn W 74,7.
bestèn = begèn P 587,21. = ergèn P 701,11. L 1,9,10.
ergèn = stèn P 323,9. 566,7. 747,17. 807,3. = understèn P 684,21. 726,27.
gèn = stèn P 167,25. 191,25. 227,23. 230,25. 234,1. 235,7. 247,17. 289,5. 369,23. 372,25. 435,7. 458,15. 500,13. 501,5. 514,13. 530,19. 539,27. 548,13. 564,9. 572,3. 582,13. 590,13. 630,23. 631,1. 647,3. 690,5. 691,29. 713,5. 715,19. 764,17. 796,1. 804,9. W 47,29. 68,15. 91,11. 131,23. 138,29. 140,5. 212,9. 213,11. 249,25. 306,9. = verstèn P 639,23. W 175,1. 376,5.
gestèn = gegèn P 251,17. 491,1. = gèn P 331,1. W 207,23. = vergèn W 31,17.
stèn = übergèn P 825,27. = zergèn L 9,16.
ÈNE. *Bène* = zwène P 550,25. 630,27. 713,1. 716,25. 718,3. 719,1.
ÈNT. *gènt* = stènt P 171,5. 406,19. 490,5.
ÈR. *Alkilèr* = Alkamèr P 782,11.
Hintegèr = hèr P 52,17. = mèr P 32,7. 37,11. = sèr P 25,9.
Terramèr = hèr W 11,13. 156,7. 319,11. 352,1. 396,23. 450,21. = herzesèr W 80,17. 94,1. 204,15. 351,1. 381,5. 432,13. = kèr W 166,17. = sèr W 160,5. = überkèr W 8,29. = umbekèr W 353,3.
Thilèr = Zoröastèr P 770,19.
gèr = bèr P 532,13. = kèr W 25,15.
herzesèr = bèr W 293,5.
mèr = ärkèr P 183,25. = ebenhèr W 218,27. = hèr P 6,29. 13,19. 43,23. 48,5. 136,23. 201,17. 250,13. 273,3. 274,25. 298,23. 309,25. 325,23. 379,3. 399,27. 425,1. 431,23. 446,27. 534,29. 550,19. 604,15. W 14,15. 142,27. 147,13. 182,9. 300,27. 458,29. 463,11. = herzesèr P 475,15. 795,27. 819,29. W 71,11. 122,25. 268,1. 336,29. 370,13. = kèr P 181,13. 569,5. W 15,29. 17,13. 60,25. = rèr P 170,17. = sèr P 566,13. 616,23. W 101,25. 144,17. 454,21. = überkèr W 258,1. = widerkèr W 116,3.
ÈRE. *Terramère* = dankère W 222,21. = entère W 164,25. = ère W 169,17. 182,23. 208,17. = hère W 404,15. = herzesère W 205,1. = kère W 334,3. = sère W 21,25. 374,7. 388,1. 413,13. 418,25. = überkère W 466,5. = unère W 43,21.
ère = dankère W 130,19. = herzesère W 331,19. = kère P 2,27. 11,25. 82,15. 179,29. = lère P 107,21. 175,27. 428,11. 436,19. 614,29. W 299,13. 378,5. = mère P 44,23. 149,15. 173,11. 214,27. 228,27. 258,7. 269,29. 291,15. 308,13. 321,25. 323,21. 460,13. 480,13. 485,27. 511,3. 526,29. 607,19. 624,19. 625,24. 642,17. 645,15. 675,21. 686,21. 705,27. 717,9. 719,17. 742,21. 750,13. 765,25. W 6,13. 27,15. 107,29. 160,15. 169,9. 176,9. 224,23. 243,7. 290,27. T 32. = sère P 5,29. 224,9. 449,23. 506,21. 515,19. 523,1. 536,13. 679,3. 698,25. 756,1. 773,5. 820,5. W 9,11. 40,27. 187,15. 271,5. 284,19. 342,1. 369,25. 405,21. 435,25. = lère, sère L 6,16. = überkère W 120,9.
gère = zère W 24,5.
kèro = lère P 646,25. = unère W 44,27.

mére = dankère P 390,1. = bère P 25,15. = kère W 320,23. = lère P 28,19. 88,23. W 61,5. = unère P 290,15. 612,17. = widerkère P 401,29. *sère* = kère P 696,3. = lère P 575,11. 648,7. = mère P 161,25. 474,15. 491,11. 549,19. 576,17. 579,7. 595,5. 608,5. 657,11. 815,1. W 191,25. 261,1. 317,1. = rère W 19,7. = unère P 171,11. 478,11. 509,13. W 314,25. = wandelkère P 490,7.

ÈREN. *Terraméren* = herzesèren W 399,11.
éren = lèren P 33,23. 322,11. W 173,23. = mèren T 34. W 109,21. = rèren P 752,25.
gekéren = gemèren T 135.
kéren = èren P 47,19. 126,13. 132,17. 193,29. 297,3. 553,19. 651,17. 753,19. W 355,27. = gemèren W 332,19. = lèren P 127,13. 274,15. 431,11. 659,21. W 326,1. = mèren P 358,11. 571,9. 615,13. 815,27. W 5,25. 87,1. 226,27. 318,3. 407,17. = unèren W 114,19. = zèren P 528,9.
léren = bekèren W 193,17. = entèren P 136,7. = gèren P 207,19. = mèren P 495,5. 650,19. W 346,5.
méren = versèren P 547,29.

ÈRENT. *érent* = kèrent P 2,11.
ÈRET. *gehéret* = gèret P 242,27. 558,23. = gekèret P 107,1. 129,19. = versèret W 441,9.
gekéret = lèret P 49,7. 92,3. = versèret W 432,7.
geléret = berèret W 251,11. = entèret P 131,7. = gekèret P 359,19. = gèret P 297,27. = mèret P 347,7. = verkèret W 157,11.
geméret = entèret P 300,29. = geèret W 331,7. = gehèret P 44,21. W 63,27. = gekèret P 288,11. W 264,21. = gelèret W 345,19. = gèret W 260,9. 459,19. = gerèret T 129. = gunèret P 258,19. = lèret P 405,7. = verkèret P 459,29. = verrèret P 257,3. = versèret P 263,17.
geunéret = verkèret P 264,7. W 455,21. = versèret T 97.
léret = entèret W 192,27. = kèret P 21,17.

ÈRRE. *érro* = hèrre W 273,27.
ÈRREN. *hérren* = èrren P 52,1. W 238,13. = mèrren W 159,13. 445,23.
ÈRSTEN. *érsten* = hèrsten P 236,17. 240,15.
ÈRT. *gehért* = gemèrt P 350,25.
gért = mèrt W 306,19.
kért = verrèrt P 251,9.
lért = vèrt W 309,27.

ÈRTE. *kérte* = gelèrte P 597,23. W 12,5. = gemèrte P 318,11. 593,7. W 436,27. = gerèrte T 82. = lèrte P 106,13. 142,19. 146,25. 166,17. 451,25. 535,27. 564,23. W 21,21. 70,13. 83,25. 384,5. 412,29. = rèrte W 33,5. 303,19.
lérte = gebèrte P 325,27. 362,9.
mérte = èrte P 6,15. = lèrte P 169,17. 339,19. W 87,27. = rèrte W 392,25. = unèrte P 341,29.

ÈRTEN. *érten* = gehèrten P 507,29. = kèrten W 153,25.
lérten = gemèrten P 743,7. = gunèrten W 116,13. = kèrten W 278,29.
mérten = gèrten W 445,3. = kèrten W 416,7. 435,1.
verkérten = unèrten P 518,19.

ÊT. — EICHEN.   53

verrérten = gemérten W 172,13.
ÊT. *Gaherjét* = stét P 664,29.
Hardefablét = stét P 381,11. 356,27.
Nazarét = stét W 219,17.
ergét = bestét W 321,29. = gestét P 716,23.
gét = bestét P 276,29. = gestét P 447,21. 454,13. 675,27. W 211,25.
stét = begét P 13,25. 438,27. 449,5. W 270,19. = engét W 158,3. = ergét
  P 286,13. 338,23. 366,27. 359,5. 407,29. 418,11. W 280,19. = gét P
  239,17. 346,21. 413,3. 426,5. 442,19. 450,15. 456,19. 474,5. 511,29. 549,3.
  561,21. 606,21. 616,17. 715,17. 610,13. W 2,7. 35,7. 145,11. 168,5. =
  vergét P 556,29.
verstét = gét P 660,5. = vergét P 2,15.
zergét = gestét P 469,17. 763,25.
ÈTEN. *pldnéten* = héten P 518,7.

Ė = E.

EHN. *léhn* = zehn W 372,7.
ERN. *kérn* = wern P 693,11.
ERRE. *hérre* = verre P 273,5. 477,21. 486,27. 543,29. 563,25. = werre P
  456,13.
ERREN. *hérren* = verren P 291,27.
ERTE. *érte* = werte P 212,7.
  kérte = nerte P 603,11. = werte W 82,11.
  lérte = herte P 261,11. = verte T 143.

EI.

EI. *Aglei* = hei P 496,21.
Nanzei = schrei W 437,17.
Pavei = zwei W 168,19.
enzwei = erschrei P 184,25. = heiå hei P 103,19. 160,3. = schrei P 138,13.
  W 56,29. = turnei P 79,11. 81,7. 97,7. 270,17. 347,13.
geschrei = ei W 152,15. = heiå hei P 525,23.
schrei = heiå hei P 407,15. = turnei W 365,25. = zwei P 374,9.
EIC. *neic* = gesweic P 173,7. = sweic P 7,15. 399,7. W 274,13. = versweic
  P 196,3. 375,25. 505,17. 636,13. W 158,29.
seic = gesweic W 61,19. 138,13. = steic P 445,13.
EICH. *gesweich* = bleich P 435,27. 460,3. 811,19. = streich P 168,5.
  W 111,27.
streich = sleich P 282,11.
weich = bleich P 299,11.
EICHEN. *erweichen* = erreichen P 613,15. = reichen L 9,25.
reichen = smeichen P 115,21.
weichen = herzeichen P 352,13.

EICHET. *erreichet* = ungesmeichet W 429,19.
EICTE. *geneicte* = veicte P 136,19.
EIDE. *beide* = bescheide W 237,13. = heide P 516,21. W 256,25. = leide P 3,29. 372,13. W 56,5. T 52. = underscheide T 146.
  heide = underscheide W 200,13.
  leide = eide P 31,3. = gescheide W 257,29. = geweide W 25,23. = beide W 21,9. = kleide W 174,27. = ougenweide T 23.
EIDEN. *beiden* = bescheiden P 462,1. = gescheiden W 65,29. 150,17. T 114. 120. = kleiden P 695,13. W 33,17. = scheiden P 9,1. 223,9. 264,27. 287,19. 320,13. 333,13. 712,11. 715,25. 754,25. 826,11. W 53,3. L 5,39. = underscheiden P 635,15. 744,21. W 2,11. 169,15. T 20. = verscheiden P 575,7.
  bescheiden = geleiden P 329,19.
  heiden = beiden P 29,5. 712,15. 765,23. W 8,27. 253,11. 306,15. 398,19. 431,5. 438,1. = bescheiden P 454,9. 762,5. 774,11. = entscheiden T 76. = gescheiden P 43,3. 738,11. 793,15. 813,27. W 21,9. 39,3. 293,19. = scheiden P 785,21. 806,3. W 142,7. 313,27. 323,5. 361,29. 452,9. 454,23. T 55. = wâpenkleiden W 242,3.
  kleiden = scheiden W 122,5.
  leiden = scheiden P 370,9. 558,9. 703,5. 788,5. W 115,1. 150,3.
EIDER. *beider* = kleider P 375,5.
EIEN. *feien* = meien P 96,19. 400,9.
  heien = salveien W 326,21.
EIF. *begreif* = sleif P 396,25. 566,27.
  stegreif = gegreif P 215,21. = greif P 227,21.
  sesleif = begreif W 190,11. = greif P 15,25.
EIGE. *veige* = erzeige P 558,15. = zeige P 355,1. W 49,3.
EIGEN. *eigen* = rezeigen P 523,25. = erzeigen T 71.
  erzeigen = neigen P 738,13. = veigen W 317,25.
  neigen = veigen P 65,9.
  seigen = steigen P 434,17.
  zeigen = eigen W 184,13. = neigen W 237,23. = veigen W 206,27.
EIGET. *erzeiget* = geneiget P 409,17. 771,27. = geveiget W 380,11. = neiget P 315,5. = ungeveiget W 138,3. = versweiget W 119,21.
  rezeiget = geneiget P 213,5. 817,3. W 243,5.
EIGTE. *neigte* = seigte P 197,25.
EIGTEN. *erzeigten* = geneigten W 365,15.
EIL. *erbeteil* = unheil P 5,5. = geil W 243,9.
  geil = heil W 69,13. 156,29. = seil P 181,9. 257,5. = teil P 1,7. 33,11. 51,29. 96,9. 101,3. 110,5. 119,7. 137,15. 194,25. 201,15. 218,19. 271,29. 811,27. W 291,5. 459,17. 466,21. I. 9,31.
  heil = brackenseil P 294,3. = erbeteil W 221,23. = teil P 398,7. 402,23. 450,25. 783,15. W 462,13.
  teil = ricseil P 790,23. = seil P 134,1. 247,21. = unheil P 556,3. W 286,9. = wintseil P 278,15.
  urteil = geil P 98,1. = heil W 320,27. = seil W 185,17.
EILE. *lit marveile* = geile P 599,25. = teile P 605,25.

Schastel marveile = geheile P 615,11. = geile P 652,25. = heile P 624,25. = teile P 334,7. 610,11.
seile = geile T 154. = teile W 119,23. T 135. = urteile T 150.
veile = erbeteile W 221,9. = geile P 491,17. 562,25. = seile T 145. = teile P 335,15. 531,13. 563,15. W 95,13.

EILEN. *teilen* = veilen P 538,5.
EILES. *heiles* = teiles P 781,13.
EILET. *goteilet* = gesceilet T 142. = ungeheilet W 445,19. = geveilet P 466,7.
geveilet = ungeheilet W 456,3.
verteilet = ergeilet P 733,5.
EILT. *geteilt* = geveilt P 235,13.
EILTE. *veeilte* = teilte P 321,11.
EIM. *Wertheim* = leim P 184,3.
EIN. *Heitstein* = schein P 404,1.
Lohrein = enein W 126,15.
Tolenstein = schein P 409,7.
bein = sarkestein W 259,9. = sein W 196,3.
ein = bein P 203,5. W 317,11. 451,27. = dechein W 301,19. = erschein P 129,15. 348,13. 377,9. = nebein P 116,25. = schein P 173,1. 398,3. 752,9. = stein P 548,1. = zwein P 707,23. 740,27.
enein = bein W 137,9. = erschein P 93,11. 128,13. 816,9. W 12,3. = schein P 57,17. = zein W 375,7. = zwein P 707,7.
erschein = alein W 254,1. = alterstein P 459,23. = bein P 64,5. 127,3. L 1,25. 2,2. = dechein P 632,3. W 405,17. = mein P 526,11.
hirnbein = karfunkelstein P 482,29.
schein = alein P 705,23. = bein P 63,15. 168,7. 245,19. = dehein W 369,15. = helfenbein P 233,3. = nein P 308,9. = zwein P 352,19. 694,21.
stein = bein P 295,23. 304,21. 469,25. W 109,25. = ein P 250,23. = enkein W 354,27. = erschein P 458,27. 756,29. = schein P 107,7. 233,17. 263,21. 282,7. 592,1. 604,27.
überschein = dechein P 709,7. = dehein W 374,29.
EINDE. *erweinde* = erscheinde W 29,5.
leinde = erscheinde W 230,5. = meinde W 270,5.
weinde = bescheinde P 409,19. = erscheinde P 159,23. 555,15. = meinde P 784,3. W 124,11.
EINDEN. *meinden* = geveinden W 304,29. = vereinden W 175,3.
EINE. *Lohreine* = sarcsteine W 437,19.
algemeine = zeine P 570,27.
decheine = meine W 5,1.
eine = enkeine P 809,11. = erscheine P 707,25. = gemeine P 5,9. 100,5. 367,13. 430,23. 700,9. 737,13. 782,23. 817,13. W 127,5. 139,29. 188,9. 190,19. 237,21. 300,9. 405,19. = gesteine P 333,7. 702,7. T 80. 137. = kleine P 529,13. 561,17. W 133,21. 140,19. 265,21. = meine W 102,1. 129,11. = reine P 495,9. T 7. 33. = steine P 569,19. 590,3. 757,21. W 90,7.
enkeine = gesteine W 203,7.
gebeine = sarcsteine W 357,25. = unreine P 322,17.

gemeine = bescheine W 210,13. = gesteine P 17,17. 100,29. = steine P 773,15.
kleine = beine P 122,3. 130,11. = enkeine P 13,5. 66,17. = gemeine P 509,17. = gesteine P 70,23. 81,25. 519,15. W 154,15. = steine P 262,9. W 409,23. = wazzersteine P 568,27.
reine = gebeine T 133. = gemeine P 527,11. W 133,13. = gesteine P 107,3. 408,19. W 352,11. = kleine P 201,9. = steine P 469,3. 471,21. 498,11. 735,17. 743,5. = weine P 575,9.

EINEN. *einen* = enkeinen P 551,9. = reinen P 552,21.
enkeinen = steinen P 790,19.
kleinen = beinen T 159. = geweinen T 25.
meinen = einen P 722,23. 742,17. W 7,13. = erscheinen P 561,29. = reinen T 34.
weinen = beinen P 705,13. = bescheinen P 672,19. = einen W 457,7. = erscheinen P 661,27. 697,1. = meinen W 259,29. = steinen W 55,21. = vereinen T 29.

EINER. *einer* = reiner W 1,1.
EINEST. *meinest* = vereinest T 59.
EINET. *gereinet* = bescheinet P 528,25. = erscheinet P 475,29.
gleinet = beweinet P 513,27.
meinet = gesteinet P 98,27. = weinet P 633,13.
EINEZ. *einez* = debeinez W 52,13.
EIP. *beleip* = schreip P 645,3. = treip W 52,23. 70,1. 107,9. 116,7. 126,3. 162,17. 232,3. 286,23. 333,27. 409,15. 460,5. = vertreip P 29,11. 826,13. W 186,21.
EIRE. *Pelrapeire* = Tampenteire P 180,25. 425,7. T 22.
EIS. *Bédveis* = kurteis P 350,27. W 411,17.
Berteneis = Kanvoleis P 74,11. = Destrigleis P 352,15.
Franzeis = ebkurneis W 11,25. 92,17.
Lohneis = leis P 73,15.
Punturteis = Kâreis P 457,13. = Kanvoleis P 74,21.
Wâleis = Franzeis P 329,13. = Kanvoleis P 59,23. 60,9. 77,9. = kurteis P 327,15. = leis P 281,11. = Punturteis P 706,29.
kurteis = reis P 748,29. = templeis P 792,21. 797,13.
templeis = reis P 441,23.
EISE. *Ardbeise* = Seciljeise W 36,15.
Berteneise = freise P 356,17. = reise P 433,13. 666,3. = tagereise P 165,23. = Wâleise P 331,3.
Franzeise = reise W 27,29. 141,23. 330,23.
Orkeise = reise W 395,3. 417,25.
Punturteise = reise P 74,29. 682,15.
Wâleise = reise P 67,1. 121,5. = vreise P 202,19. 294,27.
eise = kurteise W 449,9. = weise P 167,9.
freise = heise P 505,9.
kurteise = gegenreise W 96,19. = reise P 651,5. 735,1. 601,25. T 79. = tagereise W 88,3. = templeise P 821,19. = weise W 102,27.

reise = freise P 252,3. 492,5. 507,19. = templeise P 468,27. = welse P 335,7. 782,17.
EISEN. *Hertenewen* = vreisen P 214,29.
Franzeisen = reisen W 129,23.
weisen = vreisen P 194,19. W 299,17.
EIST. *fúreist* = volleist P 176,3.
EISTE. *geiste* = volleiste P 798,11. 817,19.
EIT. *Jafreit* = erstreit P 764,1. = gesellekeit P 762,27. = leit P 673,21.
  arbeit = bereit P 171,1. 200,1. 246,9. W 259,7. = edelkeit W 300,21. = gelegenheit W 287,23. = gesellekeit W 218,7. = gestreit P 734,17. = herzeleit P 478,15. 451,27. 611,27. = leit P 58,25. 69,23. 245,3. 259,21. 334,27. 487,27. 557,15. 807,7. W 100,21. 137,25. 167,5. 176,17. 206,25. 281,7. 448,15. = lôsheit P 386,17. = reit P 72,13. 224,23. 691,25. W 278,27. = richeit W 216,29. 220,25. = streit W 193,5. = ungewonheit P 796,23. = werdekeit P 223,17. 827,23.
  bereit = edelkeit W 6,15. 18,5. = gemeit P 697,11. = gesellekeit P 784,25. = kleit P 374,15. 651,25. = lôsheit P 113,15. = manheit P 214,1. 319,5. 335,25. W 3,1. = schreit P 168,1. = unsemftekeit W 299,25. = vermeit P 309,9. = wâpenkleit W 174,11. = zageheit P 376,9.
  breit = bereit P 38,21. 84,17. = conterfeit P 3,11. = edelkeit W 241,19. = einvaltekeit W 453,3. = erstreit W 295,17. = gemeit P 683,15. = genendekeit W 457,5. = gereit P 777,19. = gesellekeit P 220,29. W 274,1. = gewonheit P 794,11. = heilikeit P 161,29. = kleit W 199,1. = kristenheit W 440,23. = leit P 29,21. 141,25. 249,7. 322,23. 640,9. 643,5. W 253,1. = manheit P 739,13. = reit P 82,29. 106,19. 144,17. 162,7. 181,19. 227,7. 535,3. 805,23. 821,29. W 23,23. 30,11. 36,27. 54,3. 197,19. 237,25. = sneit P 233,21. = snelheit P 536,15. = streit P 769,19. = unbereit P 114,7. = versneit P 11,17. 321,3. = vrecheit P 737,21. = widerreit P 142,5. 681,17. = zageheit W 433,5.
  eit = bereit P 238,9. 316,17. = gereit P 343,1. = gestreit P 498,3. = leit P 270,25. 459,27. 625,7. 653,7.
  erleit = gereit P 811,23. = vermeit P 642,3.
  gereit = gemeit P 132,25.
  gesellekeit = erstreit W 56,7. = reit P 290,17. 404,17. W 246,3. = vermeit P 550,13.
  herzeleit = bereit P 407,9. = breit P 104,23. W 343,11. = gemeit P 215,25. = gereit W 120,25. = heilekeit W 226,3. 354,9. = kintheit P 533,11. = kristenheit W 339,27. = manheit P 320,3. = reit P 177,11. 434,5. = sicherheit P 214,7. 428,19. = streit P 384,15. = tumpheit W 317,3. = wipheit W 251,13.
  kleit = erleit W 75,23. = gereit P 306,11. = leit P 156,27. W 192,3. = reit P 261,23. 342,17. 447,5. 648,3. 652,19. 679,11. W 83,21. = slecheit P 231,1. = streit W 416,17.
  leit = arebeit P 249,27. = bereit P 98,5. 137,29. 284,27. 467,5. 678,13. W 148,15. = edelkeit W 1,9. = gelegenheit P 50,7. W 335,29. = gesellekeit P 159,1. 308,29. 367,15. 399,5. 402,11. 431,19. 553,25. 774,23. W 235,9. 279,3. 284,21. 296,17. = gestreit W 86,27. = gotheit W 166,27.

= höfscheit P 169,25. = hövescheit W 247,11. = kristenheit W 13,1. 191,9. 255,13. 423,29. = meit P 139,19. 819,5. = niderkleit P 535,21. = reit P 23,9. 68,17. 121,21. 124,21. 132,21. 258,23. 277,29. 312,5. 331,9. 337,15. 351,23. 365,15. 381,3. 432,5. 436,27. 442,15. 443,11. 451,23. 457,23. 479,3. 525,9. 546,7. 646,1. 655,1. 675,1. 731,7. = slecheit P 788,25. W 172,7. = sneit P 33,9. 423,27. W 413,21. = streit P 135,21. 387,5. 417,23. 430,11. 452,27. 572,11. 604,13. 688,7. 717,19. W 42,9. 67,1. 146,5. = treit P 79,15. 490,15. = trügeheit P 513,11. = truopheit P 711,25. = tumpheit W 67,23. = überstreit P 541,25. 689,29. = unsemftekeit W 385,5. = vermeit P 13,7. 445,29. = vriheit P 6,21. = wâpenkleit W 290,5. 428,15. = widerreit P 44,1. = wipheit P 23,27. 27,9. 114,21. 526,27. W 95,19. 164,23. 266,29. = zageheit P 339,3. 704,13. W 111,23. 210,17.

manheit = gestreit P 685,9. W 420,11. = leit P 556,19. 574,19. W 211,3. 342,9. = reit P 174,25. 325,9. 350,15. 629,7. = streit P 204,23. 686,3. W 327,11.

meñischeit = erleit P 448,3. W 407,3. = erstreit W 308,1. = getreit P 477,17. = leit P 103,23. 518,29. W 219,23. = streit P 465,9. = underscheit P 520,1.

mildekeit = erstreit P 815,15. = streit W 368,29.

reit = bereit P 32,27. 262,1. W 186,13. = deckekleit P 272,25. = edelkeit W 386,29. = einvaltekeit W 256,11. = enstreit W 75,1. = erstreit P 357,25. 500,5. 504,27. 520,11. W 420,29. = gemeit P 19,5. 30,7. 318,25. = gestreit P 390,11. 498,21. 696,13. = clârheit P 723,25. = kristenheit W 71,29. 405,7. = meit P 180,5. 667,3. W 113,5. = poynderkeit W 32,19. = sælekeit W 109,5. = sneit P 351,1. = streit P 274,7. 354,15. 460,11. 479,13. 495,17. 605,1. 772,25. 823,25. W 27,11. 35,21. 71,21. 119,17. 126,21. 371,15. 441,15. = tumpheit P 458,15. = überstreit P 619,1. 623,13. = underscheit P 169,29. W 21,7. = vermeit P 27,27. 129,11. 134,29. 151,17. 165,17. 189,25. 260,17. 611,15. 670,11. 820,29. W 70,11. 82,13. 84,17. 97,3. 112,7. = wipheit P 137,7.

richeit = bereit W 8,15. = breit P 59,9. 61,15. 63,29. 328,5. 722,21. 760,17. W 9,27. 319,13. = erleit P 564,15. = erstreit P 757,13. = geleit P 561,25. = gemeit P 81,23. = gestreit P 610,23. W 5,19. = kleit P 761,23. = leit P 472,27. 560,9. 749,23. W 456,23. = reit P 250,15. 508,13. 756,9. = wâpenkleit W 377,9.

sicherheit = bereit P 275,25. 418,25. W 461,15. 465,29. = eit P 15,11. = erstreit P 393,21. 424,25. 538,29. = gemeit P 206,13. 208,27. = leit P 38,29. 171,27. 198,25. 215,9. 388,17. 825,25. W 421,11. = meit P 607,21. = reit P 85,5. 394,27. 492,7. 776,21. = streit P 198,1. 218,9. 389,7. 392,25. 396,7. W 79,9. = überstreit W 10,27. = unbereit P 538,21.

smâcheit = entreit W 332,25. = leit W 300,7.

sneit = kleit W 63,13. = meit W 362,25. = streit W 40,11. 55,17. 206,11. = underreit W 442,13. = vermeit P 128,21. 551,3.

streit = bereit W 29,7. — enreit W 80,19. = erleit P 583,9. = friheit W 100,5. = gereit W 89,21. 363,27. 430,11. = gesellekeit W 101,7. = kristenheit W 48,21. 393,17. = lûterkeit P 741,21. = meit P 207,29. = snelheit P 782,15.

treit = geleit P 294,17. 515,3. 550,1. 552,7. 627,29. W 116,21. 306,7. = heilikeit W 193,3. = umbeleit W 307,21.
überstreit = lôsheit P 473,3. = ungewonheit W 276,11.
versneit = kleit W 31,25. = meit P 181,23. = vermeit P 71,15. = zageheit P 571,5.
wârheit = breit W 330,11. = leit P 462,25. 464,9. = underreit W 5,11.
werdekeit = bereit P 2,29. 169,1. 628,25. 658,5. W 104,7. 304,5. = breit P 109,21. 207,1. 433,19. 698,27. 767,7. W 14,17. 332,29. 337,11. = eit P 269,3. = entreit W 205,25. = erleit W 157,5. = erstreit P 461,19. 773,3. 781,9. W 4,3. 78,9. = gemeit W 86,15. = herzeleit P 326,25. 367,3. = leit P 5,13. 11,5. 24,17. 59,19. 91,7. 332,27. 521,7. 609,29. 614,5. 660,15. 708,15. W 293,17. 298,23. 326,3. 351,9.
vermeit = widerreit P 363,11.
werdekeit = reit P 315,15. W 245,21. = überstreit P 613,7. = versneit P 314,27.
wîsheit = geleit P 566,25.

EITE. *arbeite* = bereite P 237,29. = geleite P 792,17. W 79,19. 103,3. = gereite P 312,11. W 84,19. = leite P 432,15.
bereite = beite P 537,3. = erbeite P 143,17. 818,17. = geleite P 568,23. W 257,9. 418,13. = gesellekeite P 763,3. = leite W 369,19. = sicherheit P 385,25.
breite = antreite W. 1,29. = geleite P 92,1. 721,23. T 51. = gereite P 257,1. 513,23. = leite W 237,15. = werdekeite P 654,11.
geleite = manheite W 428,1. = zageheite W 372,17.
gereite = kristenheite W 128,15.
sicherheite = unbereite P 542,23.

EITEN. *arbeiten* = beiten W 139,9. = bereiten P 371,27. = breiten P 202,15. = leiten P 77,25. 183,21. W 68,19. 349,17. T 56. 72. = verleiten P 513,13.
bereiten = beiten P 146,17. 149,23. = breiten P 578,5. W 16,15. = feiten P 702,15. = leiten W 211,9.
breiten = geleiten L 8,6.
leiten = erbeiten L 6,6. = gebreiten W 345,13.

EITET. *bereitet* = breitet P 338,11. = gefeitet P 45,21. = geleitet P 59,15. 579,3.
garbeitet = gebreitet P 583,5.

EIZ. *Bahsigweiz* = Matreiz W 298,15.
Belestigweiz = Arestemeiz W 423,1. = puneiz W 432,23.
Ehmereiz = Passigweiz W 98,5. = Utreiz W 438,27. = puneiz W 343,25. 389,15. = pungeiz W 366,23. = weiz W 206,29. 266,11. 343,15. 347,23.
Josweiz = Poufameiz W 28,29. = geheiz W 349,1. = puneiz W 396,3. = sweiz W 33,3.
Kanvoleiz = Kardeiz P 803,21. = sweiz P 145,5. = weiz P 86,23. 140,27. 325,21. 400,17. 749,13. 755,27.
Kardeis = enweiz P 800,19.
Marschibeiz = hardeiz W 56,125.

Matribleiz = Kordeiz W 98,13. = puneiz W 383,13. = weiz W 257,3. 348,21. 461,25. 463,17. 466,29.
Passigeweis = kalopeiz W 32,11.
Pohereis = puneiz W 357,23. = weiz W 349,23.
Poufemeis = puneiz W 344,19. = weiz W 51,25. 371,17.
Tenebreis = sweiz W 443,19.
Tesereis = Poufameiz W 55,3. 106,21. 206,5. = puneiz W 214,25. = pungeiz W 36,11. = weiz W 83,5. 87,9.
Utreis = Matreiz W 32,15. = puneiz W 372,25. = weiz W 288,9.
enbeis = mangeiz W 103,23. = sweiz P 387,23. = vleiz P 61,19. 391,15.
heis = kreiz P 739,19. = sweiz P 161,11. 256,5. 449,27. 692,17. = weiz P 481,11. 490,13. 532,15. W 219,13.
kalopeis = puneiz W 118,5. 333,23. 435,27. = sweiz W 317,13. = weiz W 360,9.
puneis = weiz P 812,11. W 320,17.
EIZE. *kreiso* = geheize P 324,27.
EIZEN. *dmeizen* = gereizen P 410,1.
beizen = geheizen P 485,5.
heizen = erbeizen W 458,5.
EIZET. *gereizet* = besweizet W 270,11. = erbeizet P 247,7.
heizet = erbeizet P 184,29. = reizet P 192,11.

EY.

EYS. *Bédveys* = Tananarkeys W 424,13.
Franseys = Bédveys P 348,15. = ehkurneys W 50,1. = templeys P 702,23. = Techampáneys W 237,5.
Schampóneys = Punturteys P 86,11.
ehkurneys = kurteys W 45,9.
EYZ. *puneyz* = kalopeyz W 362,29.

EV.

EV. *hou* = gefreu W 59,3.
EVT. *gefreut* = gestreut W 38,29.
EVTE. *dreute* = steute W 221,29.
vreute = streute P 618,25.

I.

IBE. *belibe* = tribe W 200,1. = vertribe W 147,1.
IBEN. *beliben* = getriben P 456,9. W 24,17. 202,3. = geschriben W 2,19. = vertriben W 177,9.
riben = vertriben P 184,15.

IBENE. *blibene* = überschribene T 164.
IBN. *belibn* = tribn P 37,21. = getribn P 386,25. 600,1. W 99,27. 149,5.
  208,23. 264,17. 404,13. = vertribn W 232,15. 251,17. 322,5. 338,29.
  tribn = erbibn W 396,1.
  verribn = vertribn P 93,19.
IC. *kanedic* = blic P 277,25. = sic P 135,11.
  blic = schric P 103,27. = sic P 146,9. = stric P 811,3.
  stric = bic P 180,3. = schric P 597,27.
ICKE. *blicke* = dicke P 28,27. 219,5. 542,11. 789,13. W 144,3. 167,27. 188,23.
  236,13. 393,25. 398,11. = geschicke T 89. = schricke P 360,19. = stricke
  P 257,11.
  dicke = geblicke T 67. = stricke W 422,17.
ICKEL. *bickel* = zwickel W 54,21.
ICKEN. *blicken* = erschricken L 5,6,9.
  gezwicken = gestricken P 155,25. = schicken P 124,3.
ICKET. *geschicket* = gezwicket P 739,1.
  verzwicket = verbicket P 680,23. = verstricket W 407,27.
ICH. *dich* = sprich P 285,25. = stich W 88,19.
  gerich = dich W 350,1. = mich P 29,23. 267,15. 330,9. 441,17. 529,1.
  750,21. W 44,21. 107,21. 208,13. = sich P 118,9. 169,19. 542,15. W
  293,3. = stich W 380,9.
  ich = dich W 67,21. = mich P 342,27. 554,17. W 224,17. = sich P 238,7.
  369,17. 272,19. 440,19. 747,29. 749,25.
  mich = dich P 56,25. 68,15. 147,19. 156,17. 266,27. 373,27. 467,17. 715,3.
  749,17. 783,29. 785,13. W 49,25. 59,7. = krefteclich W 333,3. = sich P
  59,3. 142,25. 249,3. 271,23. 327,9. 536,7. 582,17. 633,23. 818,11. W 169,23.
  296,11. 320,1. = slich P 96,29. 222,3. 415,25. = stich P 124,9. 572,17.
  W 172,27. 426,21. = swesterlich W 122,17.
  sich = dich P 767,11. 801,5. 814,19. L 4,29,32. = gich P 538,19. = man-
  lich P 90,27. = sprich P 373,7.
ICHE. *erstriche* = entwiche W 278,25.
  stiche = erbliche P 299,23. = sliche P 78,5.
ICHEN. *entwichen* = durchstrichen T 100. = geslichen W 276,23. = gestrichen
  P 376,27. 491,25. 792,11. = slichen 575,3.
  gestrichen = geslichen P 652,29. = ungeswichen P 767,23.
ICHER. *kicher* = sicher W 59,1.
ICHET. *richet* = sprichet P 465,15. = zebrichet T 69.
  zebrichet = sprichet P 502,15.
ICTE. *erblicte* = erschricte W 290,17.
ICTEN. *blicten* = erschricten P 638,27.
IDE. *tide* = smide P 537,27. = wide P 341,27.
  vride = lide P 193,11. 212,3. 315,21. 357,9. 366,21. 411,11. 745,7. W 32,5.
  163,25. 271,9. 325,19. 378,9. 385,23. 424,27. = smide P 210,3. = wide P
  200,25. 524,27. W 221,27.
IDEN. *liden* = gevriden W 317,17. = smiden P 152,5.
IDER. *nider* = sider P 545,9. 601,17. 620,19. 680,21. W 99,3. 108,23. 115,15.
  209,29. 311,19. 420,21. 463,3.

wider = dernider W 57,3. 174,5. = nider P 38,1. 187,5. 306,9. 381,7. 411,15. 480,9. 494,27. 582,29. 591,11. 595,13. 597,19. 803,29. W 58,1. 123,5. 316,9. 335,5. = sider P 471,25. 540,21. 677,25. 823,5.
IDERE. *gevidere* = widere P 424,5.
IDEREN. *nideren* = wideren W 211,15.
IDN. *lidn* = versmidn W 220,27.
IDR. *sidr* = dernidr W 251,5. = nidr P 289,7. W 291,3. = widr P 176,27. 214,25. 345,17. W 321,11. 410,29.
  widr = nidr P 43,17. 45,15. 64,3. 125,29. 151,3. 175,3. 195,17. 227,5. 235,3. 244,25. 247,23. 274,21. W 277,25. 315,27. 367,19.
IF. *grif* = schif W 382,3.
IFFEN. *schiffen* = begriffen W 459,7.
IFT. *begrift* = ertstift P 403,19.
IFTE. *schrifte* = gestifte P 453,13.
IGE. *lige* = gesige P 795,21.
  pflige = lige P 572,29. = sige P 606,1. W 203,19. 391,29.
  sige = lige W 458,7. = rige P 260,5. = zige W 445,13.
IGELET. *verrigelet* = übersigelet W 391,25.
IGEN. *ligen* = gedigen P 541,15. 578,23. 667,15. = gesigen P 800,21.
  gedigen = geswigen W 50,11.
  gesigen = gestigen W 447,9.
  verswigen = gedigen P 644,7. W 135,23. 152,9. = genigen P 551,17. W 213,29. = ligen P 576,23. 667,1. W 464,17. = nigen P 451,1. W 131,19. = verzigen P 604,23.
IGENDE. *ligende* = gesigende P 539,9.
IGER. *niger* = swiger W 143,11.
IGET. *phliget* = bewiget P 31,17. = liget P 576,27. W 35,5.
IGN. *gedign* = gesign P 335,11. = geswign W 114,23. = verswign W 253,19.
  lign = gesign P 335,11. = geswign W 114,23. = verswign W 253,19.
  verswign = bezign W 154,5.
IGT. *gesigt* = geligt W 49,29. = ligt P 79,17. 108,27. = wigt P 146,11. 431,13.
  ligt = bewight W 446,17. = wigt P 67,11. 287,23. W 160,13.
  pfligt (phligt) = beligt P 697,3. = bewigt P 504,17. = gesigt P 451,13. 690,1. W 313,29. = ligt P 467,29. 563,23. 693,23. = sigt P 291,11. = wigt P 334,29. 477,15. 715,7. 719,21.
IHE. *gihe* = lihe W 358,3. = sihe P 395,13. 716,19. 763,17. W 144,19. = versibe W 210,15. = vihe W 450,17.
IHST. *gihst* = sihst P 442,13.
IHT. *angesiht* = geschiht W 25,1.
  giht = enwiht W 458,1. = gesiht P 817,27.
  niht = iht P 250,17. 493,25. 523,15. = besiht W 451,25. = ensiht P 391,27. enwiht P 661,25. = ersiht P 40,15. W 142,1. = geschiht P 4,25. 56,27. 74,15. 90,5. 98,11. 114,25. 118,21. 144,21. 147,25. 152,13. 155,01. 163,01. 173,9. 185,5. 193,9. 194,1. 207,3. 239,13. 267,7. 272,9. 278,1. 299,15. 366,1. 514,9. 540,13. 557,25. 561,27. 570,17. 684,25. 694,3. 733,7. W 57,17. 161,19. 189,9. 217,15. 334,19. = gesiht P 82,17. 135,17. 617,15. W 242,21.

= giht P 15,13. 62,21. 95,15. 135,5. 149,29. 157,29. 191,13. 223,27. 328,11. 379,17. 383,15. 420,1. 421,19. 425,5. 458,21. 461,25. 487,3. 490,25. 508,5. 569,13. 582,11. 605,21. 619,11. 626,29. 632,29. 637,1. 648,23. 708,13. 709,11. 755,21. 789,17. 795,15. 806,'. W 74,29. 101,23. 132,27. 150,23. 230,1. 254,19. 285,5. 293,7. 300,11. 330,21. 381,11. 401,25. 414,9. 425,19. 426,9. 437,29. 438,15. 456,17. = siht P 3,21. 11,23. 77,11. 86,7. 144,29. 242,7. 250,27. 253,15. 255,1. 269,5. 414,27. 463,1. 465,3. 496,13. 501,29. 502,13. 695,27. 714,9. W 55,13. 243,15. 388,25. 459,11. 463,25. 466,17. = vergiht P 49,11. 50,17. 70,9. 476,17. 535,13. 555,3. W 68,17.

siht = iht P 249,29. 329,1. = geschiht P 60,13. 592,5. 675,19. 759,21. = giht P 337,3. 421,17. W 30,29. 129,15. 291,9. = vergiht P 13,27.

IHTE. *angesihte* = ungeschihte P 366,11.
berihte = nihte W 326,13.
gerihte = ungeschihte P 347,19.
gesihte = geschihte P 618,23.
getihte = tischgerihte W 173,27.
phlihte = berihte P 732,27. = geschihte P 266,21. W 235,11. = gerihte P 264,11. W 112,11. 402,9. = nihte W 253,5. = ungeschihte P 419,3.

IHTEN. *phlihten* = berihten W 194,19. = rihten W 6,7. 396,29.

IHTEST. *tihtest* = vihtest W 38,3.

IHTET. *berihtet* = entnihtet P 15,27. = gepflihtet W 427,19. = verpflihtet T 30.
gepflihtet = entnihtet P 314,29. = flihtet W 30,23.

IL. *spil* = enwil W 110,3.
vil = gespil P 232,27. 372,1. 373,9. 646,11. = bil W 331,17. = nltspil P 341,5. = seitspil P 639,7. = spil P 79,19. 165,29. W 162,23. 275,27. = topelspil P 289,23. W 427,25. = vederspil W 231,27. 236,3. = zil P 9,3. 12,21. 57,29. 97,5. 102,29. 105,3. 111,9. 131,9. 150,13. 183,9. 190,17. 205,1. 223,23. 296,25. 334,1. 355,25. 376,5. 378,3. 390,5. 441,11. 477,27. 519,7. 582,19. 772,27. W 5,29. 15,7. 70,17. 165,9. 246,7. 256,1. 271,1. 319,19. 350,27. 372,9. 419,15.
wil = vederspil P 191,11. = vil P 4,7. 201.7. 303,5. 346,23. 361,9. 374,19. 391,17. 405,29. 499,9. 580,19. 677,11. 684,23. 688,27. 701,23. 825,17. W 11,21. 16,17. 51,11. 277,21. 286,1. 395,11. 400,23. = zil P 2,25. 99,15. 108,13. 132,27. 192,1. 194,27. 272,13. 310,19. 312,1. 318,29. 513,15. 658,1,29. 827,11. W 259,27. 297,17. 317,27.
zil = nltspil P 706,3. = spil P 316,23. 557,13. = stil P 159,15.

ILDE. *bilde* = gevilde W 207,19.
schilde = gevilde P 105,29. = spilde P 211,29.
wilde = bilde P 238,17. 517,23. = gevilde W 29,27. T 153. = unbilde P 438,25.

ILDEST. *entwildest* = unbildest T 97.

ILDET. *wildet* = gebildet W 156,27.

ILJE. *Sybilje* = Marsilje W 221,11. = Zilje P 469,19.

ILLE. *Secundille* = wille P 519,1. 741,19. 757,11. 768,13. W 279,17.
wille = stille P 631,9. 671,27. 725,23. W 293,9. 318,17.

ILLEN. *Secundillen* = willen P 592,19. 740,9. 811,7.

willen = gestillen P 281,5. T 10. = stillen W 289,23.
ILLET. *swillet* = ungestillet W 62,19.
ILN. *beviln* = spiln P 82,19. = ziln P 775,23.
spiln = geziln P 85,21.
ILT. *bevilt* = gespilt W 26,3. = wilt W 194,25.
gespilt = überzilt P 787,27.
gezilt = bevilt I. 9,27. P 60,11. 415,27. = gespilt P 112,9. = verspilt P 292,9. = wilt P 252,7. 304,29.
schilt = bevilt P 24,27. 174,15. 250,19. 289,29. 371,1. 531,5. 557,3. 567,29. 603,19. 687,19. 719,9. 757,19. W 126,5. 161,21. 202,27. 232,9. 356,23. = erzilt P 453,27. = gespilt P 408,25. 759,3. W 59,29. 113,23. = gezilt P 210,15. 216,17. 288,21. 300,3. 349,15. 355,5. 383,3. 414,19. 504,9. 662,13. W 116,1. 333,29. = spilt P 444,21.
zilt = gespilt P 244,3. = spilt P 115,19.
ILTE. *bevilte* = milte P 730,11. W 419,17. = unmilte P 150,11. = zwispilte P 201,1. W 151,1.
milte = zilte W 28,7.
schilte = bevilte P 158,1. 214,23. W 89,11. = milte P 18,5. 222,19. W 20,17. 386,27. 436,23. = zilte P 390,21.
IM. *Ahsim* = im W 362,9. = z'im W 255,3.
Assim = im W 141,11. = nim W 341,7.
im (z'im) = genim P 330,13. = nim P 123,13. 223,7. 464,7. 516,3. 651,29. 659,27. W 148,7. 156,19. 181,27. 335,19. = vernim P 239,15. 467,19. 751,3. W 192,23.
IME. *s'ime* = nime L 8,35.
IMMEN. *limen* = brinen P 42,13.
IMMER. *imer* = niñer P 329,29.
IMPF. *schimpf* = gelimpf P 392,15. 675,15.
IMPHE. *schimphe* = ungelimpbe W 276,1.
IMT. *nimt* = gezimt P 7,9. L 4,19—22. = missezimt W 150,7.
IN. *in* = bin P 27,3. 48,25. W 272,21. 341,11. = gewin P 31,11. 72,15. 351,19. 378,25. 401,3. 425,11. 494,3. 820,3. W 167,17. 176,7. 343,29. = herzogin P 672,9. = bin P 73,1. 295,1. 671,23. 756,7. 813,5. W 289,5. = pin P 74,9. 323,7. 340,21. = sin P 47,17. 49,5. 88,1. 172,11. 184,27. 193,1. 264,5. 333,21. 461,27. 539,21. 542,7. 573,9. 582,21. W 139,11. 444,29. = ungewin P 284,9.
gewin = bin P 213,9. W 95,11. = hin P 177,21. 445,9. 510,27. 512,25. 522,29. 597,7. W 53,17. 115,21. 299,19. 342,25. = heidenin P 329,11. = herzogin P 628,9. 723,3. = künegin P 103,3. 401,23. 806,5. W 43,13. 147,5. 234,13. = pin W 156,23. = z'in W 122,29. = vriundin P 12,11. W 408,21.
hin = bin P 44,15. 460,27. 577,11. 578,21. W 232,27. = erschin W 71,3. = heidenin P 336,3. = herzogin P 591,19. 624,15. = künegin P 430,15. W 47,13. 77,9. = marcgrâvin W 295,23. = pin P 180,9. = Wirtin W 312,21. = zin P 807,9. W 233,17.
Cordubin = sin W 74,9.
künegin = burcgrâvin P 34,9.

INDE. — INGEN.

sin = enbin W 460,17. = bin P 8,13. 213,23. 506,29. 510,19. 526,15. 827,25. W 1,25. 2,21. 149,11. 193,7,23. 194,21. 331,9. = gestin P 525,19. = gewin P 338,27. 369,7. 523,19. 612,25. 798,29. W 204,7. 283,5. = heidenin P 28,11. = herzogin P 655,19. = künegin P 24,7. 109,7. 160,1. 224,15. 283,21. 731,11. W 31,3. 51,19. 108,27. = marcgrávin P 403,29. = meisterin P 590,27. = pin P 406,13. = friwendin W 76,27. = wirtin W 110,1.
ungewin = herzogin P 134,3. 600,13. = sin P 204,19.
INDE. *bevinde* = swinde T 113.
binde = gesinde W 199,9.
kinde = erwinde P 401,27. 450,11. = gesinde P 18,25. 676,7. W 142,25. 182,11. = ingesinde W 44,11. 262,25. T 9. = linde P 176,17. W 60,15. 69,19. 100,13. = vinde P 803,15. W 217,17,27. T 115.
linde = gesinde P 185,29. = vinde P 517,5.
vinde = winde W 204,17.
INDEN. *bevinden* = verswinden T 102.
ervinden = linden W 128,5. = swinden L 7,29.
kinden = bevinden T 46. = enbinden P 717,17. = ervinden W 237,27. = erwinden P 560,1. = linden W 127,1. 157,9. = vinden P 349,13. 576,21. 752,13. W 67,17. 373,5. 375,3. T 60. = underwinden P 165,9.
vinden = binden P 285,3. W 111,19. = erwinden P 593,25. L 8,18. = hinden W 399,25. = underwinden P 766,3. = verswinden P 2,1.
INDER. *kinder* = blinder T 49. = merrinder W 352,7.
INDES. *gesindes* = verslindes W 60,27.
kindes = ingesindes T 18.
INDET. *vindet* = bindet P 510,23. = enbindet W 68,21. = verswindet P 731,27.
INE. *wine* = erschine P 228,5.
INGE. *härlinge* = ringe W 331,9.
Fläminge = klinge W 437,15.
bringe = gelinge P 442,11. W 121,27. = jüngelinge W 204,13.
dinge = linge P 489,17.
gedinge = linge P 177,5. = twinge T 98.
klinge = llpgedinge P 103,17.
ringe = bringe P 756,13. = dinge P 762,7. 777,9. = dringe P 320,5. = dwinge W 459,13. = ertwinge P 676,19. = gedinge P 410,9. 569,23. W 367,1. = gelinge T 72. = gesinge P 705,5. = klinge W 295,21.
INGEN. *bringen* = dingen W 2,29. 185,29. = dringen W 392,1. = erklingen W 117,25. 117,17. = erspringen P 567,9. = gedingen P 477,23. = gelingen P 685,27. = klingen W 172,23. = ringen P 161,3. 504,21. W 86,23. 166,5. 277,23. T 169. = slingen P 510,3. = springen P 576,9. = sunderlingen W 443,11. = swingen P 705,17. = teidingen P 719,13 = twingen P 287,15. 372,9. 426,19. W 213,23.
dingen = ertwingen P 49,29. W 111,3. = dwingen P 539,7. = ringen T 141. = stabeslingen P 568,21.
dringen = erklingen W 346,29. = singen P 297,23. L 7,11. = springen P 36,13. 16,15.

5

erringen = twingen T 101.
gelingen = gedingen P 563,29.
klingen = springen W 326,23.
ringen = gedingen P 356,13. = klingen P 747,9. = slingen W 84,15. = springen W 281,21. = twingen P 538,9. 732,19. W 248,5. 281,29.
INGENT. *bringent* = ringent P 503,3.
INGES. *dinges* = sunderringes P 675,9.
INGEST. *bringest* = dringest P 647,9. = singest L 4,18—21.
INGET. *bringet* = erklinget W 31,15. = gedinget W 308,17. = singet, dringet L 6,35. = swinget P 470,3. = twinget P 543,15. W 171,9.
dinget = ringet P 113,23.
erklinget = springet P 466,23.
twinget = dringet W 320,19. = gedinget W 210,23. = ringet W 458,13.
ING. *dine* = messine P 3,15. = staerline P 335,29. = sunderrine P 731,21. = teidine P 729,5. = ursprine P 783,3. W 120,27.
rine = dine P 216,19. 217,7. 248,21. 670,7. 691,23. 699,25. 765,1. 773,3. 775,11. 777,17. 781,29. = drine P 220,27. = jungeline P 174,13. 217,19. 285,11. 358,23. W 212,1. = klingâ kline P 69.13. 681,29. = snürrine P 780,9. = teidine P 418,19. 611,5. = twine P 314,11. = ursprine P 278,11.
INKEN. *hinken* = trinken P 622,25.
- INKET. *hinket* = sinket P·315,3.
INNE. *iñe* = gewiñe W 336,9. = künegiñe P 61,3. 334,5. 423,13. = miñe W 129,27. = moeriñe P 19,17.
diñe = gewiñe P 567,23.
künegiñe = gewiñe P 432,1. = meisteriñe P 582,9. = moeriñe P 35,21. = zine W 228,5.
miñe = Arâboysiñe W 86,9. = briñe L 9,43. = diñe P 465,29. = driñe P 509,29. = Franzoisiñe P 88,25. W 104,15. T 37. = gewiñe P 425,23. 686,25. 736,1. 823,21. W 87,21. 279,23. 326,7. 338,15. 346,11. 369,7. 400,3. 427,17. T 63. 68. 77. 81. 147. L 9,3. = gotiñe P 745,21. L 10,9. = hiñe P 283,13. 439,27. T 166. = herzogiñe P 543,3. 587,19. 599,13. 601,19. 619,19. 628,13. 637,29. 643,9. 730,15. 769,9. T 131. = kiñe W 287,15. = klosnaeriñe P 435,13. = künegiñe P 11,9. 44,27. 70,1. 81,1. 186,25. 192,9. 193,9. 195,11. 204,11. 246,19. 318,15. 341,21. 528,17. 633,9. 732,11. 743,25. 771,25. W 9,17. 24,13. 52,17. 214,9. 215,25. 279,7. 298,17. T 146. = moeriñe P 94,11. = siñe P 35,3. 49,23. 109,29. 141,19. 160,21. 172,23. 287,11. 291,5. 292,27. 296,9. 345,29. 353,21. 365,29. 369,29. 370,13. 389,11. 396,21. 472,29. 486,13. 500,17. 523,11. 639,25. 669,19. 693,29. 698,9. 711,23. 714,7.27. 733,3. 815,13. 819,21. W 16,29. 19,23. 22,23. 36,21. 153,13. 165,1. 252,7. 260,7. 309,11. 385,3. 387,5. 431,19. 456,11. T 47. 50. 107. = versiñe P 436,13. = Wâleisiñe P 81,1.
siñe = driñe P 316,5. = fürstiñe P 221,21. = gewiñe W 446,19. = herzemiñe P 365,9. = herzogiñe P 627,13. = künegiñe P 113,17. 126,3. 182,29. 431,5. 578,9. 580,7. 729,11. W 102,7. 211,23. = wirtiñe P 26,1.
unmiñe = herzogiñe P 681,19. = versiñe P 367,17.
INNEN. *iñen* = begiñen P 662,3. = gewiñen P 702,17. W 426,19. = hiñen P 570,23. = siñen T 55. = ziñen W 227,19. T 118.

briñen = versiñen W 318,23.
gewiñen = hiñen W 325,9. T 30. = küegiñen P 577,15. = siñen P 592,15. W 293,25.
miñen = iñen T 78. = begiñen W 5,3. = gewiñen P 154,15. 363,9. 546,3. = hiñen L 4,28—31. = siñen P 632,1. 726,29. = versiñen W 342,17. = ziñen L 6,10.
ziñen = siñen W 230,7.
INNENT. *miñent* = versiñent P 450,19.
INNET. *gemiñet* = enbriñet P 711,3. = riñet P 499,1.
miñet = begiñet P 721,15. = gewiñet P 482,3. 712,23. = versiñet P 719,27. W 354,17.
INS. *zins* = ich bins W 51,21.
INSE. *flinse* = zinse W 12,15. 76,7.
INSEN. *erdinsen* = verzinsen W 97,1.
INT. *kint* = Gint W 63,21. = blint P 10,19. 95,13. 518,23. 818,19. W 355,3. = fundamint P 740,5. = merrint W 161,1. = permint P 625,13. 747,25. 785,27. = rint W 257,15. 302,15. = segelwint W 453,19. = sint P 5,19. 8,3. 39,25. 48,13. 56,13. 65,25. 117,15. 126,25. 143,5. 177,23. 180,27. 224,5. 232,11. 215,21. 251,11. 293,23. 333,15. 334,17. 345,19. 348,21. 351,13. 356,3. 357,11. 364,5. 367,7. 395,1. 429,9. 455,21. 457,17. 464,25. 471,1. 476,19. 477,1. 525,5. 554,19. 556,25. 606,29. 670,23. 672,13. 695,25. 700,15. 711,11. 712,13. 713,3. 714,3. 717,23. 722,1. 724,1. 726,25. 743,21. 748,15. 761,17. 808,27. 817,17. 823,11. 826,9. W 1,7. 14,21. 32,23. 44,15. 73,7. 81,5. 95,27. 122,21. 132,23. 141,27. 151,13. 156,9. 166,9. 168,21. 184,7. 185,3. 189,3. 207,21. 212,25. 236,29. 250,7. 251,3. 256,13. 260,15. 263,5. 264,25. 268,21. 288,3. 293,1. 297,15. 298,27. 301,7. 303,15. 307,27. 316,1. 318,15. 346,19. 347,21. 352,21. 374,25. 383,27. 386,1. 403,11. 405,27. 450,7. 457,25. L 7,18. = underwint W 158,1. = vint P 722,13. = wint 55,15. 188,5. 212,1. 249,23. 301,5. 690,11. 742,13. 796,7. 814,3. W 29,19. 36,5. 41,13. 53,7. 443,5.
sint = fundamint W 162,27. = underhint P 2,23. = wint P 66,25. 318,19. W 327,1. 134,13.
IPPE. *rippe* = sippe P 82,1. W 62,1. T 95.
IR. *ir* = dir P 433,1. = gir P 427,17. 508,27. 733,9. = mir P 99,21. 145,9. 163,25. 169,13. 236,19. 255,29. 257,25. 303,3. 305,27. 315,25. 327,13. 404,3. 405,5. 419,7. 500,25. 516,3. 522,3,19. 664,3. 685,11. 689,11. 697,15. 714,15. 727,11. 753,11. W 156,5. 164,9. 175,15. 194,5. 211,7. 228,13. 230,19. 233,9. 254,13. 266,9. 290,7. 292,9. L 8,34.
dir = Alligatir P 782,9. = wir L 1,18,22.
mir = dir P 67,29. 147,9. 198,9. 254,19. 267,11. 422,15. 428,7. 442,3. 494,1. 507,15. 521,23. 524,11. 542,9. 567,7. 701,17. 716,7,21. 745,1. 754,7. W 4,7. 39,25. 61,1. 66,21. 69,5. 93,21. 103,5. 121.11. 150,1. 296,19. 342,27. 347,1. 349,9. = enhir P 635,27. 700,17. = gir P 48,11. 89,11. 498,7. 510,7. W 317,5. 330,3. L 5,16—18. = bétis sir P 76,11. = wir P 615,1. = zir P 47,1. 58,19. 373,15. 555,9. 811,25.
IRBEN. *schirben* = zirben P 215,23.
IRBET. *wirbet* = verdirbet P 731,15. W 300,19. 308,29. T 38.

IRMEN. schirmen = gehirmen W 182,21.
IRN. birn = rirn P 80,1.
IRRE. irre = virre P 180,15.
IRREN. gevirren = verirren T 5.
IRRET. irret = wirret P 24,21. 65,3. W 152,25. 200,29.
 gevirret = verirret T 160.
 virret = unverirret W 369,21.
IRS. wirs = irs P 369,13. = mirs W 156,11.
IRT. wirt = birt P 121,11. 142,15. 419,17. = verbirt P 29,27. 32,1. 42,7. 109,11. 119,25. 148,7. 149,17. 162,5. 212,11. 240,7. 251,19. 348,3. 362,19. 371,11. 386,1. 393,23. 397,23. 458,23. 469,9. 472,11. 617,11. 659,23. 738,19. 716,29. W 38,5. 67,25. 68,5. 132,17. 260,23. 273,21. 279,1. 354,29. 460,23.
IRTE. irte = wirte P 596,1. 639,13. W 176,5. 258,27.
IRZ. mirz = hirz P 457,25.
IS. gewis = Bargis W 427,9. = Castis P 494,15. = Clyboris W 410,1. = Iblis P 668,9. = Orangis W 3,11. = Tigris P 479,17. = crisoprassis P 741,5.
ISCH. visch = tisch P 33,3. = wisch W 256,27.
ISCHEN. hischen = mischen W 252,27.
ISCHET. gemischet = verlischet T 125.
ISE. dise = wise P 778,7. W 233,15. 240,5.
ISEN. wisen = betterisen P 502,1.
ISSE. misse = prophetisse P 465,23.
IST. bist = Krist W 86,7. 193,11. = list P 140,23. 485,9. W 100,29.
 ist = list P 188,27. 457,29. 462,19. 464,23. 492,3. 548,5. 559,29. 609,3. 617,27. 655,29. 747,5. 751,11. 757,25. 786,11. 798,5. W 191,1. 216,13. 280,21. 371,29. = genist P 577,23. = Krist W 48,17. 215,15. = vrist P 322,27. 736,13. W 121,25.
 list = vrist P 172,15.
ISTE. liste = amatiste P 559,17. W 33,1. 387,1. = vriste P 425,3. W 117,11.
ISTEN. kristen = gevristen W 373,27. = listen W 1,27. 85,11.
 gewisten = misten W 107,1.
 listen = vristen P 792,5.
 überlisten = fristen W 222,5.
IT. Thabronit = lit P 742,1. = smit P 592,17. = trit P 739,25.
 Thebit = smit P 613,17.
 gesmit = gewit W 397,23.
 lit = smit P 112,27. W 429,27. = trit P 570,13. = wit P 35,23.
ITE. Thabronite = mite P 316,29. 371,27.
 bite = dermite W 462,11.
 gebite = durchrite P 15,7.
 mite = bite P 3,3. 51,21. = erbite P 512,3. = erlite P 659,9. = strite P 330,5. = sundersite W 314,13. = unsite W 316,29.
 rite = strite P 388,1. 397,9. 443,17.
 site = dermite P 583,21. 643,7. = gerite P 670,5. = gestrite P 265,5. = mite P 3,27. 30,29. 54,25. 83,9. 94,23. 104,9. 107,9. 115,1. 116,13. 139,15. 203,9. 218,25. 329,9. 344,5. 352,17. 364,29. 378,5. 414,23. 423,9. 477,13.

478,19. 521,17. 526,1. 577,9. 656,11. W 83,7. 127,17. 280,15. 281,9. 315,15. 344,23. 419,25. = rite P 180,9. 260,21. 447,15. 540,7. 557,17. 671,29. 720,7. W 287,27. = suite P 191,5. 657,7. W 199,5. = strite P 691,9. 705,19. W 199,5. = überschrite P 771,5.
suite = sundersite W 307,73.

ITEN. *biten* = erliten W 136,3. 213,17. = gesniten P 228,17. W 174,17. = überriten W 177,27. = überstriten P 547,11. = widerriten P 149,27.
entriten = erstriten W 412,17. = überstriten W 294,11. = versniten W 57,27.
erbiten = erliten P 587,27. 605,27. = erstriten P 782,29. = gestriten P 708,7. = striten W 394,9. = überstriten P 689,5.
erliten = erstriten P 617,19. = gebiten W 104,13. = gestriten P 358,29. = versniten P 591,25.
gebiten = durchbriten W 75,9. = erriten P 412,23 = gesniten W 443,23. = gestriten W 146,7. 240,1. = überstriten W 298,11. = unsiten W 190,27.
geriten = biten P 287,27. 428,13. W 238,29. 278,1. = erbiten P 342,1. 459,15. 621,5. W 186,23. = erliten P 692,1. W 130,21. = erstriten W 303,23. = gebiten P 473,23. W 198,13. 248,19. 354,5. = gesniten P 505,3. W 379,29. = gestriten P 372,21. 378,19. 424,15. 498,23. 664,7. W 240,19. = siten P 133,15. 173,13. 250,1. 362,3. 516,17. 755,15. 793,29. 796,29. W 30,13. 129,13. 236,1. = sniten P 178,5. = striten P 598,11. W 18,9. 367,11. = überstriten P 596,21. W 432,11. = vermiten P 10,11. 119,5. 152,9. 161,19. 175,17. 262,23. 394,21. 401,5. 484,21. 754,27. 812,15. W 67,25. 261,9. = versniten P 300,5. 739,3. W 24,23. 41,19.
gesniten = erstriten W 332,23. = unvermiten P 537,17. = vermiten P 668,15. = widerriten P 399,29.
gestriten = gampelsiten P 409,9.
riten = erbiten P 789,3. = erstriten P 559,13. 673,19. = gebiten P 688,3. 805,17. W 431,15. = gesniten P 340,17. = gestriten W 344,17. 402,23. 425,15. = striten P 214,19. 700,3. W 19,19. = versniten P 802,15.
siten = biten P 3,5. 368,17. 382,27. W 250,19. 466,9. = durchriten W 22,3. = entriten W 322,21. = erbiten P 617,7. 795,1. W 461,29. = erstriten W 300,17. = gebiten P 164,29. 798,15. = gesniten P 14,15. 180,29. 309,21. 313,7. 775,9. 778,17. W 52,7. 234,11. = gestriten P 712,15. = liten P 365,19. = riten P 18,27. 756,19. = sniten W 16,11. = striten W 14,11. = überriten W 8,17. = undersiten P 427,9. = undersniten P 281,21. = versniten P 8,29. 201,27. 305,29. 319,7. 615,21. 819,25. 648,5. = widerriten P 145,7.
sniten = beriten W 209,9.
striten = sniten P 701,11. = versniten W 375,1. = überriten W 341,29.
versniten = erliten P 86,21. = gesniten P 130,21. 168,9. W 24,3. 31,23. = gestriten P 298,19. = riten P 93,27. 786,15. = sniten P 137,17. 490,21. = striten P 71,19. 207,7. 737,23. = überriten P 227,11. = versniten P 234,23. 569,21.

ITN. *bitn* = entritn W 233,13. = sitn P 264,23. W 165,25. 169,21.
entritn = undersnitn W 280,9.

erbitn = gestritn W 400,11.
erlitn = überstritn P 620,17.
geritn = bitn P 33,27. 308,25. 310,17. = erbitn P 520,5. 679,19. = gebitn P 61,21. = sitn P 618,23. 676,11. = gesnitn W 297,13. 401,5. = gestritn P 674,3. W 381,23. = überschritn P 129,7. = überstritn W 267,9. = ungestritn W 302,27. = vermitn P 178,21. 624,17. 653,3. W 333,17. = versnitn P 250,21. 275,1. W 464,13.
gesnitn = vermitn P 127,9.
gestritn = gebitn W 230,25. = vermitn W 335,15.
ritn = gebitn P 268,25. 660,29. = gestritn P 105,25. W 272,7. = stritn W 423,13. = vermitn P 190,19. 721,19.
sitn = gebitn W 92,7. = vermitn P 727,5.
ITTE. *Clauditte* = dritte P 771,17.
ITTEN. *Cluditten* = enmitten P 372,23. = mitten P 390,23.
ITZE. *witze* = antlitze P 119,21. = besitze P 774,19. = hitze P 105,15. W 418,11. = sitze P 709,27. = spitze P 80,9.
ITZEN. *witzen* = besitzen P 355,19. = sitzen P 29,19. 46,7. 244,19. 391,19. 462,3. 491,3. 549,27. 726,15. 794,15. 806,19. = switzen P 132,7. 269,25.
IWE. *riwe* = niwe P 100,11. = triwe P 427,25. 715,9.
triwe = niwe P 321,29. 680,7.
IWEN. *triwen* = riwen P 310,27.
IWER. *tiwer* = fiwer P 71,13. = gebiwer P 809,15.
IWERTEN. *getiwerten* = gehiwerten W 204,23.
IZ. *biz* = pilwiz W 324,5.
sundersiz = underviz P 230,1.

IE.

IE. *alhie* = nie P 160,11. 607,1. = sie P 504,29.
ie = hie P 183,27. 202,9. 303,17. 304,3. 407,19. 514,3. 525,1. 623,29. 722,25. 771,29. 792,29. W 43,27. 119,27. 345,21. L 4,39,42. = nie W 3,29. 21,5. 146,29. = sie P 403,1. W 307,29. = wie P 323,15.
hie = die P 72,23. 186,23. W 123,15. 156,17. 200,27. 225,1. 300,5. 305,15. 316,21. 358,1. 371,13. 446,13. = knie P 120,29. W 78,27. = nie P 279,19. 401,23. 409,27. 485,15. 556,9. 557,7. 560,3. 656,5. 701,7. W 5,13. 71,15. = sie P 99,5. 104,29. 282,15. 329,15. 353,11. 438,19. 522,15. 640,21. 641,3. 672,27. 676,17. 679,23. 698,3. 713,29. 724,17. 769,29. 786,29. 795,17. 814,13. W 15,19. 159,17. 269,11. 256,25. = verlie P 392,3. = wie P 22,3. 37,15. 47,11. 49,19. 65,1. 80,27. 86,25. 126,15. 188,1. 302,15. 319,29. 324,29. 330,7. 394,7. 460,23. 562,17. 635,13. 683,11. 753,1. 783,23. 784,11.
knie = die W 311,25. = nie P 197,29.
sie = die W 37,27. 250,21. 278,9. 328,3. 337,29. 396,9. = knie P 740,25. W 324,7. = nie P 314,7. 616,1. W 30,19. 153,25. 156,27. 421,13. L 8,13. = wie P 272,27. 502,29. 681. W 297,3.
IEBE. *liebe* = diebe T 66.
IECH. *siech* = schiech P 316,13.

IECHEN. *siechen* = kriechen T 86.
IEF. *brief* = lief P 650,23. 714,13. = rief P 649,5. = slief P 85,23.
 entslief = enrief P 245,25.
 lief = verslief P 573,19.
 rief = entslief W 100,25. = erlief P 247,3. = lief P 379,27.
 slief = lief P 125,25. 130,7. 285,13. = rief P 166,27. 191,27. W 115,9. = lief P 414,25.
IEFE. *sliefe* = geriefe P 248,3. = liefe P 283,23. = riefe P 581,11.
IEGE. *fliege* = kriege P 293,3.
IEGEN. *kriegen* = betriegen P 275,29. = triegen P 410,15. W 216,11. T 70.
 vliegen W 431,7.
 liegen = betriegen P 172,13. W 89,17. = triegen P 238,11. 557,29.
IEHEN. *geziehen* = enpflichen W 161,3.
 vliehen = underziehen P 267,17.
 ziehen = enpflichen P 291,5. T 8. = vliehen P 157,23. 361,13. 407,27. 599,7. W 18,21.
IEHT. *gieht* = Mâstricht P 158,13.
 lieht = geschieht W 216,23. = gicht P 314,7. 638,15. W 322,17. = nieht P 82,23. 93,17. 102,25. 131,23. 167,19. 232,26. 236,1. 466,3. 553,17. 601,1. 722,9. 735,29. W 49,23. 75,25. 161,27. 175,9. 265,17. 270,27. 305,11. 416,15. 450,29. L 5,3,5.
IEHTE. *lichte* = pflichte P 613,11.
IEL. *kiel* = enpfiel P 660,3. = geviel P 49,3. = viel P 289,25.
 viel = wiel P 472,17. W 152,3.
IELEN. *kielen* = vielen P 200,17.
IELT. *hielt* = gespielt W 66,5. = spielt W 251,23. = wielt P 80,3. 124,15. 283,17.
 spielt = behielt W 405,9. = enthielt P 293,27.
IELTEN. *spielten* = gehielten W 408,11.
IELTET. *wieltet* = behieltet P 97,21.
IEMEN. *niemen* = schiltriemen P 37,1.
IENC. *enpfienc* (enphienc) = begiene P 110,21. 113,21. W 14,3. 26,27. 143,17. 198,1. 244,19. 310,13. = engiene P 284,29. = ergiene P 20,7. 26,27. 150,27. 176,5. 377,17. 397,7. 680,9. 721,29. 731,1. 818,5. 825,11. 826,3. W 344,29. 420,13. = gegiene P 552,5. 582,5. = geviene P 462,5. = giene P 186,29. 220,21. 275,17. 289,19. 305,15. 308,15. 310,25. 311,27. 368,23. 375,27. 391,1. 395,5. 437,29. 446,23. 452,13. 456,3. 486,19. 513,29. 515,11. 534,9. 621,13. 640,5. 642,27. 670,29. 724,9. 729,15. 765,19. 791,17. 800,9. 817,23. W 125,29. 139,23. 148,29. 155,27. 161,7. 176,19. 443,15. = hiene P 408,23. W 303,29. = regiene P 738,3. = siene L 4,40. 5,1,38,41,42. = übergiene W 260,3. = übersiene P 814,7. = undersiene P 810,19. = viene W 165,21. = widergiene P 457,5.
 ergiene = hiene P 429,15. W 384,13. = umbesiene P 413,25. W 70,5. = viene P 265,9. 384,9. 391,9. 413,19. 793,7. W 47,1. 95,7. 293,29.
 geviene = begiene P 88,21. 110,11. W 220,17. = gegiene P 816,1. = undergiene P 538,11.
 giene = geviene P 142,3. 169,5. 396,1. 529,17. = hiene P 274,9. 393,29.

485,29. 560,19. = uberviene P 519,11. 553,21. 677,27. = umbeviene P 513,17. W 103,29. 215,29. = underviene P 412,27. 552,23. = viene P 10,13. 360,29. 389,27. 638,5. W 99,15. 171,1. 192,1. 406,13.
hiene = begiene P 118,11. W 219,7. = geviene P 415,3. W 25,25.
viene = begiene P 100,19.

IENGE. *begienge* = gienge P 417,17. = vienge W 321,17.
  enpfienge = begienge T 3. = gienge W 126,23. = ergienge P 774,5. W 425,3. = übergienge W 191,5.
  ergienge = gelienge W 71,5. = vienge W 321,17.

IENGEN. *begiengen* = enpfiengen W 10,1. = geviengen P 485,1. = hiengen W 109,25.
  empfiengen = geviengen P 764,15. = giengen P 183,29. 578,13. 590,9. 801,23. = viengen P 6,9.
  giengen = geviengen P 207,25. = hiengen P 205,23. = viengen P 75,3.

IENGET. *begienget* = emplienget P 364,17.

IEP. *liep* = diep P 8,21. 55,21. 708,9. = siep P 599,3.

IER. *Chühier* = mier W 359,3.
  Grühier = senftenier W 356,3. = tehtier W 412,23.
  Gaschier = dier P 47,23. = fier P 38,17. 46,3. = mier P 47,9. = soldier P 25,13.
  Halzebier = mier W 98,11. 258,5. = soldier W 17,29. 418,15. 433,29. = urssier W 9,23.
  Malielisier = condewier P 401,13.
  Passilivrier = mier W 368,21. = tier W 369,25.
  banier = rivier W 40,23.
  dier = soldier W 333,11. = stier P 795,29.
  fier = banier P 59,7. 64,23. 79,3. 106,3. = rivier P 118,11. = schiftelier P 155,23. = soldier P 21,11. = tier P 307,3. 452,1. = ussier P 621,11.
  härsnier (hersenier, hersnier) = barbier P 155,7. = collier W 422,19. = fier P 75,29. 219,1. = schier P 212,27. 748,1. = schillier P 261,17.
  mier = ier W 327,23. = bätschelier W 231,25. = semftenier W 231,25. = soldier W 331,5.
  schier = banier P 681,23. = schiftelier P 157,13.
  soldier = bier P 201,5.
  tier = condwier P 741,15. = forchtier P 592,9. W 379,25. = mier L 9,9. = soldier P 61,19. W 202,13. 444,7.

IERDE. *kundewierde* = sunderzierde W 382,19.
  vierde = gezierde T 139. = zierde W 6,25.

IERE. *Gaschiere* = baniere P 31,19.
  Grühiere = schiere W 411,25.
  Halzibiere = schiere W 45,25.
  Cundrie la surziere = fiere P 319,1. 517,17. = schiere P 439,1. 579,23. 780,11.
  baniere = fiere P 61,27. 81,11. = viere P 72,17.
  schiere = amesiere P 164,25. 167,5. = baniere P 196,25. 350,27. 380,19. 381,23. 620,27. 638,7. 662,9. 777,13. 793,11. W 25,17. 313,5. 424,19. = barbiere P 265,29. 598,1. = condwiere P 821,27. = hersniere W 127,27.

= soldiere P 363,7. 677,17. W 165,13. 196,15. 201,19. 363,23. = tiere P 739,15. 756,23. T 132. = ussiere P 596,9. 663,11. 667,29. = viere P 83,7. 233,5. 237,3. W 143,25. 372,27. 413,25.
suldiere = tiere P 728,25. = viere P 25,21.

IEREN. *condwieren* = floitieren P 511,27.
  creigieren = tieren W 401,1.
  creiieren = rivieren W 41,27.
  fdlieren = tieren P 211,17.
  leischieren = movieren P 678,11.
  punieren = floytieren W 34,7. = hardieren W 331,27. = kalopieren P 300,7. = zieren W 395,13.
  tjostieren = condwieren P 174,11. = punieren P 78,3. = vieren W 187,11. = zieren P 502,3.
  zieren = banieren W 305,5. = feitieren W 247,3. = vieren P 594,21. 757,23. W 15,5.
  zimieren = soldieren W 19,17.

IERENT. *parrierent* = zierent P 201,25.

IERET. *gamesieret* = zequaschieret P 88,17.
  gecondwiret = enschumplieret P 199,21. = überparlieret P 696,17.
  gepungieret = gehardieret W 90,27. 190,7.
  gerotlieret = überzieret W 313,13.
  gezieret = enschumplieret P 137,3. = gefeitieret P 565,13. = geloschieret P 350,21. 755,11 = geturnieret P 222,21. = parrieret P 1,3. = überwieret W 376,15. = underparrieret P 639,17. = verwieret W 249,9.
  gezimieret = getischieret P 168,17. = geflôrieret P 341,3. W 76,19. 403,27. = geheistieret P 592,27. = gehurtieret W 24,15. = geleischieret P 121,13. = zerhurtieret P 802,13.

IERT. *enschumpfiert* = gecondewiert P 155,17.
  geziert = verwiert W 464,25.

IERTE. *condwierte* = entschumpfierte P 593,3. = punierte W 367,9. = turnierte P 495,21. = zimierte P 736,5.
  entschumpfierte = samelierte W 45,7.
  gehardierte = gezimierte W 205,27.
  zierte = partierte P 458,9. = rottierte P 669,1.
  zimierte = leischierte P 611,9. = loschierte W 97,23.

IERTEN. *kunrierten* = parlierten P 167,13.
  punierten = failierten P 738,27. = gezimierten W 420,19.
  pungierten = kreiierten W 372,3. = zimierten W 35,1.
  samelierten = gezimierten W 397,27.
  zierten = loschierten W 234,1. = geloschierten P 676,27.

IERRE. *patolierre* = dierre W 223,9. = vierre P 183,7.

IERREN. *suppierren* = vierren W 44,13.

IERS. *Gaudiers* = Halzibiers W 45,5. = miers W 15,3.
  Riviers = Clitiers P 707,1. 721,7. = miers P 682,17.
  treviers (triviers) = kundewiers W 391,1. = miers W 88,17.

IERSEN. *soldierssen* = trippánlersen P 341,23.

IESE. *verkiese* = verliese P 428,17.

IESEN. *kiesen* = niesen T 80. = verliesen P 358,5. 746,7. = vliesen (fliesen) W 168,25. 327,9.
verliesen = bliesen P 63,9. = verkiesen P 465,11. 612,27. 815,7. W 215,17.
IESET. *verkieset* = verlieset P 614,9.
IET. *diet* = beriet P 820,25. = beschiet P 762,13. W 31,27. = gegenbiet P 496,17. W 37,15. 350,25. = geriet P 307,15. 336,17. 574,23. 698,21. W 66,27. 195,15. 451,3. = geschiet W 240,13. = liet P 511,25. = riet P 6,11. 191,3. 426,17. 457,11. 526,19. 654,17. 676,25. W 91,23. 138,25. 238,9. = schiet P 196,13. 297,9. 329,5. 454,5. 646,21. 699,11. 754,1. 786,17. 804,1. 816,5. W 15,11. 20,29. 222,7. 246,21. 267,17. 305,27. 352,25. 403,13. 424,1. = underschiet P 776,15. W 30,3.
gegenniet = misseriet P 444,15. = schiet P 393,1.
geriet = beschiet P 123,15.
geschiet = geriet P 504,3. = riet P 424,7. W 23,7. 385,15. = widerriet P 188,17.
riet = underschiet P 203,3.
schiet = ad piet (à pied) P 386,11. = beriet P 374,11. 497,11. W 279,15. 374,9. = geriet P 293,7. 348,5. 499,23. W 69,15. 120,21. 213,5. 229,21. 269,3. 443,3. = riet P 169,11. 226,1. 280,3. 356,27. 420,27. 501,17. 741,27. W 176,27. 214,19. 270,15. = verriet P 215,17.
schriet = niet W 442,25.
IETE. *biete* = geniete W 247,7. = niete P 732,5. 749,29.
diete = widerriete P 818,27.
miete = kniete P 644,15. = geriete W 229,9.
IETEN. *bieten* = berieten W 18,25. = nieten P 127,19. 135,29. 324,17. 521,3. 725,9. W 134,1. = rieten P 22,11.
enbieten = rieten P 709,13.
nieten = erbieten P 165,11. = gebieten T 165.
IETET. *bietet* = gemietet P 33,21.
gebietet = genietet T 141. = mietet P 818,3. = nietet P 402,15. 545,15. W 268,13.
IEZ. *Bahtarliez* = hiez P 301,19.
Gaheviez (Kaheviez, Gahaviez) = geniez P 475,27. = gestiez P 559,7. = hiez P 246,3. = liez P 145,15. 155,13. 159,5. W 348,25. = stiez P 150,9. = verliez P 585,19. W 467,3.
Lazaliez = hiez P 56,15.
Marangliez = Brevigariez P 354,17. = Longeliez P 772,13. = erliez P 384,11. 395,19. = liez P 388,25.
gehiez = verliez P 268,11.
hiez = enliez P 360,23. 405,3. = erliez P 170,5. 397,5. 416,21. = geniez P 52,5. = liez P 41,9. 81,7. 165,25. 191,9. 202,21. 235,25. 279,3. 317,13. 454,23. 456,1. 498,13. 518,17. 583,23. 636,29. 803,11. 821,20. 822,25. W 7,15. 31,5. 70,27. 104,23. 113,19. 149,7. 216,9. 416,1. = stiez P 823,17. = verliez W 342,11. L 4,15,17. = verstiez W 907,6.
liez = enthiez W 139,7. = gehiez P 618,17. 629,5. W 7,29. = geniez W 202,23. = griez P 41,25. = seitiez P 686,17. 826,17. = stiez P 109,3.

130,19. 330,23. 567,15. W 189,29. 201,29. 417,19. 429,25. = verstiez P 271,1. W 5,17.
sties = verliez W 102,15.
IEZE. *erliese* = hieze P 749,21.
lieze = genieze P 374,1. = grieze P 68,13. = hieze P 140,3. 489,19. 825,29. = verdrieze P 556,5. = verstieze P 6,17.
IEZEN. *geniezen* = beriezen W 208,11. = erdriezen P 726,19. = hiezen W 18,3. = liezen W 264,19. = sliezen W 92,19. 163,21. 299,3. = verdriezen P 427,23. 524,5. 585,1. 609,17. 642,25. T 58.
liezen = hiezen P 324,13. = verdriezen W 281,23.
niezen = verdriezen W 52,29. 189,23.

I = IE.

IREN. *kriiren* = fieren P 68,19.

IV.

IV. *driu* = envieriu P 177,17.
IVGET. *erziuget* = betriuget W 426,13.
IVLEN. *kiulen* = biulen P 75,7. W 20,27.
IVNDEN. *friunden* = niunden W 351,3.
IVNT. *vriunt* = biunt W 391,7.
IVR. *dventiur* = covertiur P 540,11. = fiur P 130,9. 137,17. 537,21. = hellefiur P 453,29. = schahteliur P 378,21. W 336,1. 337,3. 367,7. = tiostiur W 412,3.
fiur = kovertiur P 145,21. W 360,15. = créatiur W 215,11. = schumpfentiur P 205,27. W 214,29. = tiur P 243,1.
IVRE. *Malcréatiure* = ungebiure P 517,15.
dventiure = gehiure P 404,11. 433,7. 478,25. 495,19. 734,7. 767,21. = fiure P 456,15. 647,5. 757,5. W 5,5. 239,17. 319,3. = lampriure W 91,27. = quatschiure W 390,23. = schumpfentiure W 435,7. = stiure P 115,29. 329,3. 479,5. 566,29. = ungehiure P 525,17. 557,27.
gehiure = covertiure P 709,1. 736,11. = lampriure P 712,9. = quaschiure P 75,9. 88,13. 577,21. = salliure P 531,19. = schumpfentiure P 21,25. W 459,25. = stiure W 161,23. = tjostiure P 38,19. W 26,11. 379,15.
stiure = kovertiure W 366,11.
tiure = fiure P 37,5. 578,7. 735,27. W 33,19. 376,3. T 121. = gehiure P 168,15. 390,7. 789,29. W 14,5. 154,29. 174,13. = hellefiure W 380,19. = stiure P 95,1. 149,19. 563,11. 703,13. W 259,15. = ungehiure P 315,23.
ungehiure = fiure P 482,7. 532,5. = lampriure W 272,13.
IVREN. *gehiuren* = quaschiuren P 164,23.
stiuren = tiuren P 517,15.
IVRET. *gestiuret* = getiuret W 451,19.
IVTE. *getriute* = liute W 400,1.

hiute = ambetliute W 211,19. 261,19. = biute W 131,3. = enbiute P 208,29. = liute P 577,1. 753,13. W 231,15. 426,27. 454,3. = zimerliute W 396,17.

IVTEN. *getriuten* = diuten T 64. = riuten P 117,17.
liuten = bediuten P 242,1. 728,21. W 365,29. = briuten P 755,14. = riuten W 381,9. = triuten P 59,17.

IVTET. *gediutet* = gebiutet W 251,25.

IWWE. *riuwe* = getriuwe W 119,3. = niuwe P 530,13. W 64,27.
triuwe = geriuwe P 3,1. = niuwe P 45,5. 78,23. 114,9. 116,19. 140,19. 160,23. 255,15. 262,17. 435,17. 465,19. 493,13. 661,9. 752,27. = riuwe P 110,7. 318,9. 344,27. 396,23. 409,15. 431,3. 451,7. 466,11. 476,1. 477,29. 487,17. 488,13. 513,3. 532,9. 541,5. 517,27. 595,7. 608,21. 691,15. 729,23. 787,9. 795,5. 820,23. W 15,15. 144,29. 149,13. 180,19. 462,7. L 6,26. T 111.

IWWEN. *niuwen* = untriuwen P 291,19.
riuwen = bliuwen P 294,19. 304,13. = getriuwen P 99,7. 526,9. = ungetriuwen P 404,13.
triuwen = geniuwen P 405,25. = niuwen P 4,9. 246,13. 474,17. = riuwen P 140,1. 167,29. 365,13. 557,1. W 13,23. 135,27.

IVZET. *bestiuzet* = geniuzet T 10. = verdriuzet W 309,13.
schiuzet = fliuzet T 65. = verdriuzet P 241,21.

Í.

Í. *Almustri* = Samsi P 782,7.
Anki = bl W 36,23. 351,11.
Arabi = Côatl W 192,7. = achmardi P 36,29. 71,25. 235,19. = drí W 447,21. = sl P 70,27. W 215,27. 294,21. = vrí P 15,21. 228,7. 736,17. W 125,11. 262,15. 310,15.
Blaci = Komarzi W 93,13. = bl W 13,15. 25,11.
Gurzgri = bl P 178,15. 429,19.
Kaheti = bl P 351,11.
Komarzi (Cumarzi) = Pantall W 160,9. = bl W 146,17. 163,27. 235,25. 263,19. 304,1. 372,21. 440,9. = drí W 155,19. 169,7. = sl W 165,15. 328,17. = vrí W 172,1.
Lignmaredi = bl W 420,23.
Muntori = bl P 80,29.
Normandi = bl P 47,13. = drí W 424,23.
Plihopliheri = bl P 134,27.
Tenabri = bl W 223,3. 226,15. 300,23. 360,19. 377,13. 400,13. = drí W 219,1. = vrí W 34,19. 288,25.
bí = achmardi P 810,11. W 426,7. = drí P 4,1. 19,11. 45,17. 68,25. 76,3. 190,11. 449,5. 612,5. 707,3. 721,5. 763,29. 815,17. W 108,7. 110,25. 145,7. = jéometrí P 313,23. = nigrômanzi P 453,17. 617,11. = sl P 12,27. 36,21. 63,11. 67,1. 95,9. 140,13. 225,21. 285,29. 323,11. 559,21. 626,19. 647,25. 651,23. 709,29. 732,29. 825,19. W 66,1. 108,21. 111,29. 117,1.

128,7. 140,11. 142,9. 275,11. 308,25. 407,1. = nán P 80,5. = flôrl P 531,25. 796,5. 809,13. = vrl P 62,9. 175,9. 234,27. 255,7. 271,5. 310,11. 312,11. 422,5. 439,19. 465,13. 509,27. 532,7. 577,13. 580,5. 738,7. 804,17. W 112,29. 124,9. 135,11. 154,23. 216,29. 270,23. 370,7. 445,25.
derbi = drì P 551,1. = vrì W 157,3. = zerbenzerì W 451,21.
si = drì P 591,3. W 340,23. = ôwì P 321,1. = vrì P 213,1. 220,17. 259,11. 501,1. 672,23. 785,11. W 174,29. 465,11.
vri = drì P 87,17. 296,3. 375,21.

ÎBE. *belibe* = libe W 210,19. = wibe P 290,13.
libe = wibe P 48,21. 55,13. 109,9. 114,15. 139,21. 178,17. 202,7. 267,3. 357,15. 457,15. 468,3. 497,25. 528,5. 625,17. 657,23. 658,3. 765,3. 769,7. 808,3. W 83,3. 376,21. T 27. 36. = zeirìbe W 443,7.

ÎBEN. *bekliben* = vertriben W 43,5.
beliben = schrìben P 462,13. 822,27. = trìben W 91,15. 96,1. = wìben W 220,3. 267,11.
wiben = getrìben P 158,11. = ìlben W 364,19. = trìben P 150,17.

ÎBES. *libes* = wìbes W 3,5.
ÎBET. *belibet* = vertrìbet W 1,5.
ÎC. *Razalic* = wìc P 43,1.
zwie = stìc P 120,13. = wìc P 57,9.

ÎCH. *Heimrich* = gelìch W 143,13. 173,1. 249,19. 262,1. 382.23. 407,5. 433,15. = krefteclìch W 328,15. = manlìch W 242,7. 271,27. = miñeclìch W 278,15. = rìch W 265,5. = unbescheidenlìch W 142,23. = ungelìch W 7,21. = väterlìch W 300,1. = wiserìch W 283,29. = wunderlìch W 5,15.
entweich = tìch P 400,19. = ungelìch P 573,13.
estrich = gelìch P 573,27. = vreislìch P 571,17.
gelich = grözlìch P 562,5. = kostlìch W 116,7. = manlìch P 717,27. = miñeclìch P 167,3. = ritterlìch P 104,19. = unzallìch W 52,25. = unzerganclìch W 216,15. = werdeclìch P 648,21. = werlìch P 532,27. W 57,1. 178,29. = wüñeclìch P 36,19. 796,13.
ieslich = manlìch W 260,13. = werlìch P 351,27.
rich = erkeñeclìch P 217,9. W 48,9. = gastlìch P 230,29. = gelìch P 46,29. 55,29. 495,29. 638,23. = griñeclìch W 38,7. = grözlìch P 266,11. = hurteclìch P 245,11. = jæmerlìch P 91,13. 249,11. = miñeclìch P 48,1. 139,27. 159,7. 176,11. 227,29. 253,3. 303,3. = ungastlìch P 405,21. = ungelìch (unglìch) P 71,27. W 175,13. = urlouplìch P 639,27.
riterlich = gelìch P 534,23. = ungelìch P 21,9.

ÎCHE. *Ermenriche* = ungelìche W 384,21.
Francriche = gelìche W 388,17. = genendeclìche W 228,29. 319,25. = krefteclìche W 301,23. = riterlìche W 44,3. 234,9. 263,23. = sumelìche W 321,9.
Heimriche = rìche W 407,23.
geliche = ellensrìche P 614,11. = grözlìche P 666,13. = himelrìche P 238,23. = miñeclìche P 722,15. = rìche P 7,11. 116,27. 222,7. 380,23. 421,1. 471,5. 589,23. 664,1. 774,25. 794,13. W 3,27. 12,9. 98,15. 111,25. 159,11. 211,3. 297,27. 301,27. 327,29. 337,1. 386,7. 446,23. = riterlìche W 239,3. = senlìche P 449,29. = strìche W 129,5. = westerrìche P 767,5.

ICHEN. — IDEN.

helferiche = helfliche T 57.
herliche = zühtenriche W 311,9.
krefteeliche = künecriche W 352,19.
manliche = ungeliche P 704,27.
riche = behagenliche P 18,7. = bescheidenliche P 171,7. 188,19. 260,19. W 1,17. = dienstliche P 521,7. W 434,21. = endeliche W 185,11. = geliche P 555,23. = genendeeliche W 78,23. 294,7. 310,25. = geselleeliche P 8,17. 179,27. 599,23. 640,19. 718,11. W 217,23. = gefuocliche P 631,15. = gewalteeliche P 266,23. W 73,3. = gezogenliche P 418,23. 427,19. = grüzliche P 256,3. 389,23. = heinliche P 176,23. = helfeeliche P 568,9. = helfliche W 169,13. = herzenliche P 550,7. 607,7. 612,21. 651,1. W 217,11. = hochverteeliche P 535,11. = höfschliche P 744,25. = hurteeliche P 325,23. 507,5. T 35. = jæmerliche W 178,9. = kiuscheeliche P 367,27. = kostenliche W 10,3. 320,5. = kumberliche P 185,3. = künecliche P 161,1. 191,21. W 462,29. = künecriche P 16,3. = kuntliche W 464,27. = lebeliche P 99,17. 577,29. = manliche P 331,23. W 357,13. = minneeliche P 308,5. 375,29. 670,21. 801,19. = ordenliche T 102. = pilliche W 198,7. = ritterliche P 6,3. 33,1. 148,17. 164,21. 293,19. 319,25. 376,19. 391,11. 409,5. 447,3. 497,3. 546,21. 583,13. 674,27. 821,23. W 21,13. 42,13. 346,23. 366,19. = schämliche P 185,21. = senliche P 298,11. = sicherliche W 255,27. 279,25. 300,15. = snelliche P 611,21. = striteeliche W 237,17. = tougenliche W 284,23. T 76. = troureeliche W 107,13. 136,17. = ungeliche P 313,1. 547,17. 732,25. W 148,21. 193,21. = ungeselleeliche P 516,15. = ungeverteeliche P 602,11. = unlougenliche P 519,5. = unverzagetliche P 344,3. W 16,25. 52,9. = vientliche P 182,19. = vlzeeliche P 82,27. 166,1. 250,25. W 132,15. = volleeliche P 254,27. 301,15. 312,13. 324,3. = vräveliche P 229,5. = werdeeliche P 654,3. 754,13. 802,29. W 374,23. T 12. 152. = werliche P 538,15. 683,7. W 15,21. 180,21. 207,11. 231,19. = willeeliche W 179,21. = williiche 128,9. = wunderliche W 425,25. = wüneeliche P 23,21. 122,11. 129,29. = zühteeliche P 194,9. 544,21. 763,11. W 273,19.
sicherliche = zorueeliche P 120,19.

ICHEN. *entwichen* = geliehen W 268,23. = sliehen T 69. = striehen P 398,11. W 59,15. = unlasterlichen P 411,1. W 436,25. = zornliehen P 570,15.
erstrichen = sliehen P 595,23.
geliehen = künecriehen W 205,17.
riehen = geliehen P 282,29. = gewalteelichen W 288,5. = iesliehen W 144,9. = ledeelichen P 429,11. = manlichen P 625,5. W 354,25. = pilliehen W 390,19. = strichen W 324,19.
strichen = glichen W 199,3. = hurteelichen P 679,25. W 87,23.

ICHER. *richer* = minneelicher P 77,13.
ICHET. *gelichet* = gerichet W 52,19.
IDE. *Enide* = Karenafide P 143,29.
IDEN. *liden* = lampriden P 491,15. = runziden W 305,17.
miden = lampriden W 134,13. = liden P 132,13. 366,15. 408,5. W 104,29. 135,5. 399,9. T 120. = runziden P 687,23. = vorsniden P 710,29.

siden = sniden P 375,3.
vermiden = bilden P 530,11. = erilden P 542,21. W 270,9. = liden P 125,3. 684,27. = sniden P 159,19. W 394,15.
İDET. *midet* = lidet P 116,17. W 90,21. = versnidet W 30,25.
snidet = vermidet P 510,5.
İE. *Alexandrie* = vrie P 106,11.
Antikonie = vrie P 413,1.
Bailie = vrie W 344,1.
Barberie = Imanzle W 356,11. = frie W 74,13.
Gurzgrie = âmie T 127.
Ingulie = âmie W 55,7. = drie W 206,7. = frie W 53,21.
Kundrie = astronomie P 312,25.
Obie = âmie P 345,23. = massenie P 317,17. 359,29. = vrie P 353,23.
Oupatrie = krie W 359,5.
Salenie = âmie W 353,1. = krie W 401,27.
âmie = bie T 83. = krie W 39,11. 42,3. 336,11. = lekerle W 193,25. = vrie P 765,13. W 92,25.
bie = comunie W 117,19.
krie = flâ fle P 254,13. = frie P 478,29. = temperie W 420,1.
kurtosie = drie P 630,25. = cumpanie P 297,1.
massenie = âmie W 380,25. = drie P 179,9. = vrie P 27,25. 221,11. 274,29. 457,7. 668,29. W 211,17.
vrie = eskilrie W 287,5. = kumpanie P 147,17.
İEN. *Antikonien* = vrien P 427,7.
Flórien = âmien P 586,3. T 147.
Obien = âmien P 396,13.
âmien = flórien T 151. = philosophien P 643,13.
bien = snien W 275,3.
İET. *gekriet* = geswiet W 391,5.
schriet = gefriet W 4,15.
İFEN. *grifen* = slifen P 488,23.
İFET. *berifet* = slifet P 162.
İGE. *Razalige* = wige P 45,3.
wige = stige P 260,23.
İGEN. *nigen* = verswigen P 514,9.
sigen = stigen T 128. = swigen P 399,7. = wigen P 434,19.
İGET. *siget* = geswiget W 39,9.
stiget = erzwiget T 103.
İIE. *wihe* = lihe W 394,3.
İIEN. *drihen* = zihen T 91.
lihen = verzihen W 445,1. T 22.
İHTE. *pihte* = sihte P 107,27.
İHTEN. *lihten* = sihten P 200,21.
İHTER. *lihter* = sihter P 213,13.
İL. *Bil* = mil P 234,13.
İLE. *Mile* = wile W 381,3. 450,9.
mile = kurzewile P 491,23. = zile P 658,17.

wile = Ile P 241,1. 403,7. = mlle P 54,29. W 232,23. T 119. = phlle (pflle) P 569,9. W 28,13. 321,21.

In. *Agremuntin* = Nomadientesin P 770,7. = min W 421,1. = schin P 496,9. 735,23. = sin W 319,13. = fiurin P 812,19.
Akarin = rubln W 357,1. = s n W 73,19. 96,7. 236,19.
Anschewin = Ahkerin W 45,15. = Loherangrin P 820,9. = In P 496,25. = din P 38,11. 140,25. 814,23. = juncfrouwelin P 815,25. = kindelin P 57,21. = künegin P 98,17. 317,3. 325,19. = min P 6,25. 11,1. 40,1. 745,27. 746,3. = pln P 17,9. 23,23. 328,29. = schln P 14,7. 765,27. 808,9. = sin P 62,5. 101,5. 746,11. 760,9. 764,15. 771,3. 777,7. 793,3. 794,5. 812,1. W 54,29.
Aropatin = sin W 348,1. 381,19. 382,17. 384,1.
Blemunzin = Amantasin P 770,29.
Brandelidelin = In P 726,5. 727,15. 729,13. = künegin P 83,25. 724,7. 725,1. = min P 725,17. = sin P 75,1. 682,9. 724,5.
Gandin = Gybalin (Gibelin, Kybalin) W 47,1. 93.23. 151,19. 258,23. 374,3. 415.27. 416,11. = *Kingrisin* P 420,7. = din P 50,1. 92,27. = min P 56,5. 134,25. = pln P 8,19. = schin P 410,21. = sin P 10,15. 14,13. 40,13. 80,15.
Gibelin = sin W 430,17. = Sarrazin W 418,9.
Gouerzin = herzogin P 653,17. 670,25. = künegin P 671,15. = min P 623,23. 624,1. = pln P 730,1. = sin P 628,21. 634,23. 640,29. 762,23. 776,27.
Haropin = sin W 423,3. 424,11.
Kerubin = din W 49,11. = sin W 65,7.
Lachelin = Anschewin P 415,21. = Kingrisin P 415,21. = din P 141,7. = künegin P 301,13. = min P 128,3. 154,25. 275,23. 474,1. = pln P 79,25. 473,21. = sin P 79,13. 261,29. 331,15. = fürstln P 152,19.
Laeprisin = sin P 821,11.
Lambekin = sin P 74,1. 89,13. 270,19.
Lanzesardin = Narjoklin P 770,21. = min W 358,15. = schin W 442,15. = sin W 404,17.
Loherangrin = din P 781,17. = kindelin P 801.15. = schin P 804,3. = sin P 743,17. 805,27. = vingerlin P 826,19.
Mabonagrin = pln P 220,9. 583,27. = schin P 178,23.
Mahmumelin = sin P 561,23.
Malakin = sin W 442,27.
Maurin = künegin P 662,19.
Naroclin = schin W 371,1.
Nomadjentesin = schin W 356,5.
Oraste-Gentesin = din W 311,15. = drin P 335,21. = pln P 385,5. W 266,23. = rœrln W 362,21. = schin W 22,19. 255,17.
Oukin = schin W 411,11. = sin W 412,9. 422,25. 442,3.
Prurin = sin P 134,11.
Rin = sin P 285,5.
Riwalin = sin P 73,13.
Sarrazin = Gibelin W 440,17. = din W 64,1. 66,29. 86,13. = künegin

W 170,5. = min W 192,27. = pin P 96,21. = schin W 435,17. = sin P 19,29. 699,29. W 12,13. 194,9. 224,3. 283,11. 301,17. 333,21. 420,5. 436,29. = swin W 58,15.
Surtin = Lumpin W 34,15. 288,23. = Iserin W 360,17. = min W 345,1. 352,29. = sin W 399,23. 417,19.
Surin = sin P 301,27.
Turpin = min W 455,9.
Volatin = hiuselin W 112,9. = in W 232,1. = künegin W 67,11. 105,25. 228,11. = min W 81,1. 329,27. = schin W 82,3. 207,29. = sin W 85,25. 68,29. 89,13. 109,7. 114,21. 138,15. 225,7. 227,3.
din = tohterlin P 477,7.
drin = kindelin P 817,9. = sidin P 168,3.
glaevin = sidin P 443,23. = vilzelin P 537,5.
haermin = pelzelin W 84,23.
herzogin = sprinzelin P 622,13. = stöllelin P 233,1. = friwendin P 395,9.
hüffelin = zobelin P 130,17.
in = din P 144,9. W 122,3. = glaevin P 231,17. = herzogin P 593,17. = kindelin P 142,27. 147,11. 243,19. 720,23. = min P 146,13. 189,9. 414,25. = rubbin P 816,19. = sin P 23,17. 38,13. 42,5. 59,29. 84,23. 69,5. 127,17. 166,25. 175,19. 227,1. 237,1. 388,13. 389,15. 402,9. 536,1. 548,27. 570,25. 672,1. 697,9. 804,25. W 11,23. 21,29. 25,27. 116,11. 126,19. 246,9. 248,17. 259,21. 261,3. 273,29. 286,27. = snüerelin P 306,19. = squmschrin P 10,7. = vesin W 163,15. = wanküsselin W 282,15. = zobelin P 285,15.
juncherrelin = guldin P 702,5.
künegin = brüstelin P 115,17. = din W 63,11. = drin P 62,25. = gaenselin W 100,11. = gesin P 222,29. = guldin P 519,17. = hürnin W 41,9. = In P 209,17. W 90,1. = juncherrelin P 34,5. 97,13. 100,7. 430,25. 800,11. W 174,9. = min P 147,1. 150,1. 304,11. 432,21. 650,9. 651,15. 655,11. 672,11. W 66,9. = Sarrazin W 291,17. = sidin 101,9. = tüttelin P 111,5. = vogelin P 119,9. W 62,25. = fröwelin P 236,7. 240,19. W 296,15. = win P 148,13. 191,1. 579,11. = wirtin P 64,11. = zobelin P 41,19.
hürsenlin = macrderin P 588,17.
min = din P 49,13. 69,1. 124,17. 132,23. 358,1. 497,21. 769,1. 816,25. W 80,9. 101,27. 148,27. 201,5. 219,21. 346,25. L 4,25,27. = herzogin P 260,3. 719,15. 727,7. = juncherrelin P 711,1. = kindelin P 430,5. W 67,27. 157,27. = tohterlin P 372,15. = vingerlin P 133,19. 607,15. 634,9. = freuwelin P 554,9. = friundin P 478,17. = win P 190,13. = wirtin P 188,29.
pardrisekin = win P 131,27.
phaerdelin = grin P 155,29. = pästin P 141,23.
pin = din P 759,5. = drin P 205,11. 246,7. 733,23. = gesin P 317,19. = büffelin P 407,3. = In P 183,1. 376,25. 411,19. W 32,3. = kindelin P 55,27. = künegin P 198,15. 419,9. 528,23. 696,7. = min P 47,21. 136,13. 312,21. 369,11. 521,1. 673,23. 811,21. = mûzersprinzelin P 544,13. = sidin P 710,21. = sin P 108,19. 115,3. 141,15. 158,29. 172,27. 201,29. 221,7. 271,15. 296,11. 298,21. 312,17. 318,23. 326,17. 343,17. 349,29.

365,25. 367,21. 400,25. 420,21. 431,25. 435,29. 508,15. 787,1. W 122,23. 347,25.
ribbalin = lserin P 157,7. = kelberin P 127,7.
riselin = burcgravin P 393,27.
rubin = knöpfelin P 231,13. W 406,15. = sardin P 85,3. = sidin P 314,3.
schin = bälgelin P 188,11. = din P 712,17. 758,7. W 233,1. L 1,7,11. 6,19. = drin P 591,23. = gaensterlin P 438,7. = gesin P 1,23. 259,25. = graevelin P 722,3. = guldin W 140,17. = herzogin P 271,29. 630,7. 708,27. = In P 182,3. 196,21. 207,21. 377,25. 512,27. 561,13. 566,11. 574,1. 581,7. W 229,19. = lserin P 263,29. = kindelin P 348,7. = künegin P 122,23. 199,23. 235,15. 295,5. 644,17. W 200,11. 203,5. = küsselin W 188,15. = marcravin W 292,27. = min P 9,19. 56,21. 96,7. 189,27. 255,21. 392,11. 452,7. 495,23. 689,1. 701,19. 712,5. 748,23. W 102,7. 139,13. 180,7. 224,9. 267,21. 299,9. = pin P 96,11. 723,21. = rabbin P 37,23. 60,23. = rubin P 24,11. = sidin W 16,9. 225,21. = sin P 7,3. 18,13. 20,5. 27,13. 36,5. 38,3. 40,9. 63,23. 84,13. 91,29. 107,25. 163,21. 170,21. 171,25. 186,17. 229,17. 243,9. 254,13. 256,9. 283,3. 297,7. 299,7. 300,13. 315,19. 320,27. 383,11. 448,9. 459,13. 460,1. 463,29. 466,19. 469,11. 558,25. 584,25. 588,9. 707,27. 721,15. 725,25. 747,13. 753,25. 759,13. 785,3. 786,25. 817,29. L 7,42. W 13,19. 135,13. 155,3. 189,13. 216,21. 244,17. 262,27. 274,17. 346,3. 317,17. 358,25. 457,13. 467,1. = sprinzelin W 67,11. = staehelin W 396,23. = süñelin W 251,5. = turteltubelin P 778,21. = fröwelin P 688,1. = fürstin P 310,3. = weitin P 780,21. = wirtin P 187,11. W 273,7.
sin = bölzelin P 118,3. = bräckelin P 446,25. = brüstelin P 258,25. = din P 21,9. 34,11. 422,13. 479,11. 489,29. 671,7. 694,5. W 341,5. 347,9. 459,15. = drin P 629,15. W 62,13. 103,27. 370,21. 416,21. = dublin W 410,21. = êrin W 198,25. = häberin P 265,13. = bändelin P 371,21. = haerin P 437,23. = haermin P 14,17. 166,13. 605,13. = heidenin P 337,21. 659,15. W 55,11. = herzogin P 267,5. 274,11. 352,13. 374,7. 543,25. 593,29. 602,17. 621,17. 623,7. 640,23. 669,29. 674,13. 730,23. 825,15. = hornin P 790,9. = junchêrrelin P 227,19. 244,27. 690,9. 694,19. = keiserin P 13,11. = kindelin P 170,9. 429,27. 432,27. = künegin P 90,17. 94,17. 100,13. 106,27. 126,23. 149,1. 151,7. 189,5. 200,5. 228,15. 285,21. 302,3. 336,29. 413,23. 619,7. 626,13. 684,17. 698,17. 779,15. 802,21. W 91,19. 147,19. 168,11. 232,13. 242,15. 245,3. 260,1. 367,3. = min P 7,19. 51,7. 64,9. 81,27. 83,17. 89,19. 98,3. 99,9,19,23. 173,21. 195,19. 199,3. 267,21. 268,15. 276,23. 281,7. 327,17. 353,29. 354,29. 362,1. 388,21. 395,29. 402,29. 405,9. 434,1. 461,13. 480,21. 488,3. 491,29. 500,29. 516,29. 545,23. 546,23. 547,3. 594,15. 612,19. 616,29. 617,23. 635,21. 653,23. 677,5. 656,29. 749,7. 763,13. 781,7. 783,27. 798,9. 801,7. W 45,27. 100,7. 101,3. 110,13. 113,7. 118,25. 119,29. 120,29. 121,23. 124,5. 131,27. 145,15. 157,13. 158,17. 163,23. 167,13. 179,11. 180,23. 217,23. 239,7. 252,11. 253,15. 254,17. 259,3. 261,9. 275,19. 278,7. 290,19. 297,7. 317,21. 335,17. 337,27. 350,3. 353,15. 430,29. 459,24. 461,27. 465,27. L 5,32. = pfaerdelin P 154,29. 536,19. = pfäwin P 225,11. = prisin P 601,11. = pusin W 403,15. = ribbalin P 156,25. 164,5. = roerin P 480,7. = rubin P 3,17. 239,21. 262,11. 307,5.

679,9. W 71,1. = rubln, schin, mln L 10,3. = schiumelln P 575,19. =
sentln W 415,9. = sldln P 51,15. 192,15. = soumschrln P 77,7. 360,13.
= spiegelln P 703,27. = stückelln P 175,1. = sunderschln W 409,21. =
vingerlln P 76,17. 123,21. 127,25. 130,29. 175,29. 270,1. 440,13. 576,13.
608,1. 633,19. 711,11. W 327,7. = viselliln P 112,25. = vogetln P 609,9.
= freuwelln P 370,21. 375,9. 555,1. = vröwelln, frouwelln P 368,29.
423,5. 636,1. W 263,9. = fürstln P 327,1. = wln P 184,9. 637,13.
609,27. W 136,9. 265,9. 326,19. = wirtln P 371,13. = wunderlln P 656,7.
= würmln W 430,1. = würzelln P 485,21. 501,12. = zobelln P 231,3.
stachelin = kämbelln W 196,1.
vingerlín = ln P 139,11. = herzogin P 131,15. 132,9. = künegln P 686,11.
687,15. = pln P 713,13. = tohterlln P 368,11. = friundln P 710,5.
ÍNE. *Anschewine* = Ahkarlne T 40. = plne T 111. = slne T 54. = talfine
T 94.
Cordine = Poytalne W 358,27.
Gandine = dlne P 498,25.
Kahetine = plne P 386,5.
Kingrisine = slne P 503,11.
Mabonagrine = plne T 84.
Oukine = slne W 420,25.
Sarrazine = mlne W 110,21. 417,15. = plne W 238,1. 361,13. 369,21. T
93. = schlne P 737,3. = slne W 10,9. 124,15. 220,21. 351,27. 364,17.
367,29.
Volatine = slne W 200,21.
pine = gloevlne P 531,7. = schlne P 174,1. W 335,3. 394,29. = slne P
27,7. 300,17. 380,7. 412,3. W 36,29. 50,13. 329,3. 383,25.
rubbine = sardlne P 589,21. 791,25. = sunderschlne P 741,7.
sine = mlne W 235,29. = schlne P 61,3. 676,15. = sentlne W 414,25.
ÍNEN. *Sarrazinen* = plnen W 78,11. 324,1. = slnen W 23,25. 214,13.
minen = erschlnen P 49,9. = plnen P 768,9.
schinen = lserlnen P 211,7. = kröpfellnen P 487,9. = plnen W 103,15. =
puslnen P 63,1. = slnen P 146,15. 222,23. 479,29. W 431,23.
sinen = erschlnen W 9,9. = plnen P 355,13. 731,25. = puslnen (buslnen)
P 764,25. W 17,25. 360,7. = slnen W 51,15.
ÍNES. *Sabines* = slnes P 658,11.
ÍNS. *Sabbins* = Poynzaclins P 681,7. 686,15.
Transalpins = Gaharlns P 770,9.
ÍP. *lip* = wlp P 10,17. 16,5. 20,23. 26,15. 28,5. 29,13. 45,23. 47,7. 50,15. 51,1.
54,21. 57,5. 60,15. 67,5. 70,13. 72,27. 84,5. 87,15. 88,27. 90,21. 91,17. 94,5.
101,11. 102,27. 109,25. 116,5. 117,21. 129,1. 130,23. 146,5. 148,1. 161,3.
166,15. 168,25. 172,9. 187,23. 192,17. 194,29. 199,25. 202,23. 212,29. 216,27.
217,21. 220,1. 223,11. 259,23. 269,27. 270,29. 277,15. 283,19. 293,9. 298,13.
302,7. 307,11. 310,15. 319,27. 337,1. 343,23. 355,9. 359,13. 363,23. 391,23.
409,11. 420,19. 436,3. 441,7. 446,13. 450,5. 458,11. 460,9. 467,27. 471,13.
476,5. 504,15. 505,23. 506,15. 507,7. 508,23. 518,25. 522,1. 526,23. 527,27.
532,29. 539,15. 586,17. 591,13. 611,29. 613,29. 616,27. 619,3. 635,7. 645,27.
653,29. 655,27. 660,23. 671,1. 672,9. 678,3. 685,15. 687,7. 692,25. 697,23.

ÎR. — ÎS.

700,11. 703,11. 718,17. 723,13. 731,25. 732,9. 736,3. 738,15. 740,29. 742,29.
743,19. 752,19. 754,5. 757,7. 774,1. 780,15. 783,7. 800,5. 810,15. 819,23.
826,25. W 6,1. 8,5. 11,27. 14,29. 25,21. 30,21. 39,21. 54,27. 58,17. 63,1.
75,11. 81,21,29. 95,3. 96,29. 97,25. 104,9. 115,13. 129,7. 133,17. 140,29.
152,13. 153,1. 161,1. 164,29. 168,13. 175,19. 183,13. 191,15. 204,29. 208,9.
224,25. 226,29. 231,13. 248,23. 257,23. 266,19. 274,25. 284,3. 295,29.
323,17. 326,11. 336,3. 338,9. 341,21. 342,15. 354,11. 357,5. 370,5. 378,15.
409,11. 412,5. 453,11. 456,15. 457,17. 461,11. 466,13. L 4,30—33.
5,29,31. 8,9.

ÎR. *Muntespir* = eskellr W 34,21. 207,13. 226,19. 288,27. 434,25.
ÎRE. *Stire* = Laûtire P 499,7. = eskellre W 366,27.
 vire = eskellre W 107,5.
ÎREN. *viren* = eskellren W 259,13.
ÎS. *Ecidemonis* = pris P 683,19.
 Flegetanis = pris P 453,23. = wis P 455,1.
 Heimris = markis W 169,1.
 Kahenis = wis P 457,11.
 Comis = wis W 74,5.
 Laehtamris = pris P 424,17.
 Landris = pris W 329,11. 373,1.
 Nöupatris = pris W 22,17. 26,15. 106,23. 266,25. 337,25. 341,17. 362,19.
  = ris W 255,15.
 Paris = pris W 79,21. 339,29.
 Provis = Sâlis W 437,11.
 Tampanis = wis P 105,1.
 Taukanis = pris P 26,23. 51,9.
 Thoaris = Alamis P 770,15.
 Tigris = pardis P 481,21.
 diadochis = crisoprassis P 791,27.
 exillis = fenis P 469,7.
 flôris = markis W 301,1.
 gris = pardis W 249,15.
 íris = jaspis P 791,13.
 lisis = mèatris P 481,9.
 markis = ris W 202,9. 279,29.
 pardis = ris P 235,21.
 pris = âmis P 133,9. 200,7. 264,9. 278,7. 291,21. 396,15. 613,1. 682,13.
  711,17. 731,3. 778,1. W 101,27. = buckeiris P 741,9. = flôris W 146,19.
  = ls P 3,7. = markis W 50,23. 104,1. 110,11. 118,23. 135,15. 161,11.
  175,5. 183,3. 191,11. 209,13. 233,21. 293,13. 294,27. 303,7. 310,19. 322,3.
  331,13. 333,13. 346,7. 364,9. 378,11. 420,15. 440,1. 449,29. 461,3. 463,5. =
  pardis P 472,1. W 14,27. = ris P 195,3. 221,25. 290,29. 527,19. 600,25.
  601,27. 604,27. 607,27. 806,17. W 269,21. = schêtis W 311,15. 242,9.
  401,15. = sis P 716,3. W 86,5. = tàrkis W 321,19. = wis P 4,17.
  7,23. 44,9. 136,11. 151,13. 175,5. 178,29. 208,21. 255,27. 273,21. 297,13.
  301,7. 322,29. 323,23. 325,5. 350,7. 371,29. 388,9. 426,29. 594,23. 618,1.
  650,5. 749,5. 750,3. W 48,25. 65,27. 76,21. 145,27. 157,19. 462,5.

wis = amis P 216,25. 271,19. 728,1. 776,17. = dromedaris W 91,1. = is P 490,17. 659,25. = markis W 117,23. 123,27. 343,21. 397,19. = merzis P 578,3. = pardis P 244,15. = ris P 26,11. 481,29. W 154,13. = sis P 626,21. = unpris P 678,25.

ISE. *Amflise* = Jernise P 806,21. = prise P 94,29. = wise P 76,7. T 54.
Ethnise = pardise P 479,15. = prise W 349,25. 387,25. = wise P 374,25.
Kahenise = wise P 573,17.
prise = àmise W 19,27. = grise T 170. = markise W 169,15. = rise P 600,21. W 330,9. = spise W 133,25. = tagewise L 6,11. = unwise P 152,1. = wise P 66,13. 134,9. 160,17. 266,19. 317,23. 472,7. 533,21. 574,5. 612,3. 625,5. 630,19. 649,23. 656,3. W 23,9. 36,3. 42,19. 48,7. 60,9. 66,17. 106,9. 257,17. 271,13. 281,1. 318,11. 361,3.
spise = pardise P 470,13. = pardrise P 423,19. = wise P 110,29. 131,25. 200,15. 279,11. 456,21. 551,23. 623,9. W 88,7. 91,3. 265,29. 277,17. = zise W 275,29.
wise = àmise W 99,17. = geprise W 2,25. = ise W 111,15. = lise P 55,3. 196,5. = markise W 179,19.

ISEN. *Amphlisen* = prisen T 39. = wisen P 87,7. T 122.
bewisen = gespisen P 485,5.
grisen = volprisen T 70.
prisen = isen P 479,25. = münzisen P 363,25. = unwisen P 538,1. = wisen P 452,3. 695,3. W 27,3. 52,1.
wisen = spisen P 113,7.

ISET. *gewiset* = gepriset W 61,21. 389,25. = priset P 561,5.
priset = underwiset P 520,21. 705,25.
wiset = entriset P 170,19.

IST. *gist* = sist P 154,9.

ISTE. *bewiste* = priste P 624,25.
wiste = gepriste P 821,9. W 205,9. = priste W 4,21.

ISTEN. *wisten* = pristen P 456,27.

IT. *Dàvit* = strit W 355,13.
geschrit = runcit W 187,23.
git = bluomenzit P 281,19. = gesnit P 416,7. = hôhgezit W 122,9.
hôhgezit = nit W 184,25. = quit W 186,9.
kursit = besnit W 59,11. = geschrit W 116,9. = git W 19,25. 207,27. 408,19. = samit P 14,25. 36,27. 802,17. = tymit W 125,19. = widerstrit W 129,1.
samit = gènit P 776,19. = pflumit P 552,9. 794,13. = sit P 31,9.
sit = geschrit W 90,23. = hôhgezit P 100,23. 336,15. = nit P 464,21. 722,7. W 306,13.
strit = geschrit P 382,11. W 11,17. 374,29. = git P 500,19. 684,11. 705,29. 727,13. 738,1. W 1,19. 86,19. 203,15. 309,5. 310,7. 348,15. 379,7. 390,11. 392,11. 434,9. = hàmit P 114,27. 172,21. = hôhgezit P 53,23. 760,1. 774,13. W 159,27. = iewedersit P 690,29. = kursit P 211,9. 259,7. 275,21. 756,25. W 140,13. 387,3. = nit P 463,7. 718,11. W 26,1. = quit W 368,3. = ravit W 132,1. = runzit P 342,15. 529,25. 536,25. 545,13. 779,3. W 196,17. = samit P 540,9. W 407,7. = sit P 30,17.

ITE. — ITEN.

39,23. 171,15. 511,1. 529,11. 557,5. 606,23. 608,7. 632,21. 697,7. 712,1. 753,15. W 57,19. 145,21. 168,27. 224,11. 279,9. 305,23. 327,17. 343,19. 351,25. 362,1. 391,17. 402,1. = wit P 197,3. 295,15. 296,15. 302,27. 310,5. 401,17. 408,21. 416,13. 417,13. 505,5. 717,11. 724,5. 623,9. W 114,5. 293,23. 436,17. = zit P 241,5. 258,13. 290,21. 332,9. 419,1. 423,15. 456,7. 478,9. 503,5. 585,7. 587,29. 628,11. 645,25. 654,21. 696,27. 700,27. 701,29. 707,9. 745,11. 755,17. 773,27. 808,1. W 34,1. 64,11. 106,17. 165,3. 267,1. 269,29. 281,27. 296,23. 298,9. 307,17. 320,7. 327,5. 443,25.

unbeschrit = enzit P 284,5.

wit = bônit P 570,3. = dehssehit W 295,15. = einesit P 559,1. = geschrit P 231,23. 381,17. = kursit P 145,23. 262,13. 270,11. 320,17. 773,13. = runzit P 256,23. = samit P 24,3. 129,21. 234,5. 563,1. W 234,5. 464,9. = sit P 43,5. 71,7. 706,1. 800,23. = veitstrit W 210,25. = zit P 123,17. 354,11. 398,9. 815,11. 821,13. W 197,13. 458,17.

zit = gegenstrit W 413,7. = gesnit P 281,13. = git P 248,7. 424,1. 449,17. 493,25. 652,17. 784,13. W 134,27. 161,13. 244,5. 454,7. = kursit P 622,1. W 79,3. 364,21. = lit P 136,21. = nit W 51,29. 100,1. = pflumit W 248,15. = quit P 531,23. W 212,11. 402,13. 453,25. 459,3. = runzit P 522,13. = samit P 11,19. 93,9. = sit P 44,11. 90,1. 166,5. 172,3. 406,9. 448,19. 458,5. 509,25. 702,27. 807,23. W 92,5. 146,25. 220,19. 334,13. 452,21. = veitstrit W 178,19.

ITE. *Carpite* = strite W 229,27.

Enite = strite P 401,11.

bezite = schrite P 744,3. = wite P 611,13.

bite = rite P 627,4. = zite W 215,3.

plumite = viersite P 760,23.

strite = bezite P 541,17. 691,5. 814,25. W 194,15. 417,25. = bite W 38,17. = kursite P 575,25. W 373,17. = ravite W 128,17. = rite P 719,3. = schrite W 329,13. = wite P 86,3. 376,11. 399,19. 411,29. 434,7. 537,25. 704,7. 771,25. W 12,21. 259,5. 325,5. 348,3. = zite P 793,5. W 18,15. 22,11. 170,25. 362,17. T 138.

wite = site P 564,27. = zite W 240,3.

ITEC. *gitec* = stritec W 246,13.

ITEN. *Eniten* = striten P 187,13.

biten = erstriten T 106. = gestriten P 289,27. = riten P 22,21. 274,17. 536,23. 667,11. 755,7. W 452,7. = siten T 21.

liten = misseriten P 226,7.

riten = gestriten W 103,11. = Iiten P 205,5. = siten P 257,21. W 199,17. 358,21. 434,29. 460,21. = widerstriten P 267,29.

siten = erbiten P 166,19. = erstriten W 111,17. = plumiten P 627,27. W 244,11. = sniten W 209,11. = witen P 670,17.

striten = biten P 149,11. 359,3. 410,27. 680,27. 692,23. 700,29. W 428,5. = entriten W 123,23. = erriten P 139,7. = geriten W 417,9. = gewiten P 751,5. = pflumiten W 323,9. = raviten P 620,29. W 805,27. = riten P 30,1. 248,19. 280,27. 286,7. 303,9. 355,29. 370,27. 425,25. 599,21. 681,27. 737,11. 819,27. W 104,21. 132,3. 157,13. 353,13. 360,29. 395,7. T 16. = siten P 41,1. 102,17. 717,25. 769,17. 790,25. W 32,25. 57,13. 77,17.

410,13. 430,15. = ziten P 390,9. 443,29. 461,7. 492,11. 615,5. W 55,23. 285,21. 287,25. 321,17.
ziten = gestriten P 608,15. = riten P 137,13. 507,27. 592,21. 614,23. 669,27. 779,5. 784,27. 822,9. L 8,30. = erstriten P 569,27. 786,5. 798,25. W 214,11. = schriten W 414,21. = sïten W 143,23. 249,11. 265,1. 446,5. = widerriten W 94,9. = witen W 412,7.
ÎTES. *rites* = strites P 154,3.
ÎTET. *stritet* = bitet W 201,11. = ritet P 634,3.
ÎVE. *Arnive* = Sangive P 334,21. 590,17. 640,1.
ÎVEN. *Arniven* = Sangiven P 636,25. = stiven P 764,27.
ÎZ. *Feirefiz* (Ferafiz) = vîiz P 747,19. 749,15. 757,27. 774,17. 786,13. 796,25. 819,9. W 125,27. 248,29. = wiz P 758,17. 782,3. 805,29.
Hardiz = viiz P 65,5. 93,1.
Liz = viiz P 311,15. 353,19. 359,17. 378,11. 385,3. 388,19. 646,3. = wiz P 673,11.

Y.

YE. *Turkanye* = âmye W 29,3.
âmye = massenye W 63,19.

Y und Î = I.

IBE. *wibe* = libe P 258,17.
IN. *Saygastin* = gewin W 74,17.
sin = in P 295,29. = gewin W 135,29.
ING. *dinc* = rinc P 668,21.
INS. *Sabins* = flins P 678,19. = zins P 604,1. 693,13.
Schêrins = zins W 160,19. 161,3.
Poynzaclins = zins W 382,5.
IS. *Loys* = Paris W 148,3. = pris W 103,13. 264,9. 325,29. 357,21. 421,9. = markis W 179,3. 272,11. 354,3. 367,13.

O.

OBE. *obe* = drohe P 231,5. = lobe P 315,1. W 331,3. 420,17.
OBEN. *geschoben* = geklohen W 171,23.
OBEREN. *koberen* = oberen W 212,21. 294,5. = goberen W 33,29.
OBN. *geklobn* = geschobn W 391,11.
lobn = erschobn W 447,29. = geklobn P 566,19. = klobn P 273,25. 425,21. = tobn P 737,17. W 112,13. = zerstobn W 430,3.
OBST. *tobst* = verlobst P 86,5.
OBT. *gelobt* = getobt P 373,19. W 177,21. = verlobt P 312,3.
OC. *Tenabroc* = roc P 232,25. = wâpenroc P 261,9.

boc = stoc P 241,29.
rdpenroc = getroc P 333,5. 735,19. = gezoc W 246,23. = loc W 296,7.
OCH. *Enoch* = iedoch W 218,17. = noch W 307,1.
Marroch = dañoch W 91,13.
och = doch P 1,29. = noch P 577,17.
deñoch = houbtloch P 307,1.
doch = dañoch W 58,19. = noch P 27,5. 362,7. 415,29. 499,15. 505,27. 799,5. W 260,25. = roch P 408,29. W 382,1.
koch = iedoch P 421,5.
OCHEN. *gebrochen* = durchstochen P 679,13. = entlochen W 171,17. = wochen P 646,13.
gerochen = durchstochen W 409,9. = gebrochen W 219,19. = gesprochen T 122. = versprochen P 524,29. = widersprochen P 698,7. = wochen P 528,29. = zerbrochen P 598,27.
gesprochen = ungerochen P 308,21. 503,9.
gestochen = unzerbrochen W 87,5.
versprochen = ungerochen P 417,19. = wochen P 452,17.
zebrochen = durchstochen P 19,21. = gerochen P 304,19. 609,13. W 362,23. 381,1. = gesprochen T 73. = gestochen W 72,27. = unberochen W 178,11.
OCKE. *rdpenrocke* = tocke W 33,23.
OCKEN. *kocken* = zocken W 9,3.
tocken = drlbocken W 222,17. = locken T 64.
OKZEN. *tokzen* = vlokzen W 398,13.
OGE. *boge* = magezoge P 805,13. W 330,7.
OGEL. *gogel* = antvogel W 377,3.
OGELEN. *gogelen* = vogelen W 403,23.
OGEN. *betrogen* = erflogen P 224,25. = gelogen P 363,21. = gezogen P 226,13. W 153,15.
erzogen = betrogen P 348,11. = entflogen W 120,15. = gevlogen W 189,19. = unerlogen P 661,29.
gelogen = underzogen P 218,23.
gezogen = bogen W 18,19. = gevlogen P 305,23.
herzogen = ungelogen P 5,17.
unbetrogen = erzogen W 62,29. = geflogen W 68,9. = gezogen W 61,13. = herzogen P 656,21. W 26,19.
zogen = bogen P 241,7. = ungelogen P 626,11.
OGN. *betrogn* = erzogn P 118,1. 782,27. W 271,25. 289,29. = gesogn W 275,5. = gezogn P 605,17. 686,9. = ungelogn P 593,9.
erzogn = erflogn P 550,27. = gebogn P 579,17. = regenbogn W 429,17.
gezogn = bogn W 375,1. = geflogn P 569,3.
unbetrogn = erzogn P 667,21. = gezogn P 825,1. W 92,13. 435,21. = satelbogn P 385,11. W 84,27. = zogn P 64,1. 339,21. 356,29.
regenbogn = ungelogen W 420,13.
OGT. *vogt* = gezogt P 362,11. 529,9. 734,29. W 177,25. 181,9. 210,1. 222,9. 304,15. = genôtzogt P 264,3.
OGTE. *brogte* = zogte W 163,7.

OHTE. *mohte* = getohte P 359,17. W 413,5. = tohte P 129,13. 383,19. 480,29. 527,17. 666,1. W 35,27. 66,15. 91,17. 96,11.
tohte = enmohte W 234,3.
OHTEN. *gevohten* = enmohten P 211,21. 703,3. = geflohten W 366,1.
tohten = geflohten W 19,5.
OHTER. *tohter* = enmohter W 187,3. = mohter P 328,21. W 154,1. 222,3. 250,25.
OL. *dol* = erhol P 499,29. = sol W 399,7. = wol P 126,29. 157,15. 430,9. 466,29. 468,1. 579,27. 660,25. W 181,11. 290,29.
sol = hol P 715,1. = wol W 158,3. 190,3. 230,29. 261,27.
wol = erhol P 655,17. 759,17. = hol P 420,17. = sol P 11,29. 29,25. 83,15. 149,13. 154,19. 246,23. 274,3. 276,15. 303,11. 304,5. 314,21. 320,1. 323,27. 359,21. 402,27. 403,25. 405,11. 436,17. 439,5. 449,9. 450,29. 461,29. 466,5. 545,11. 610,1. 620,1. 634,1. 661,15. 710,7. W 35,25. 137,23. 138,17. 150,13. 237,9. = vol P 242,9. 492,15. 675,25. 610,5. = zol W 43,9. 209,17. 444,5.
OLBEN. *kolben* = wolben W 396,13.
OLDE. *golde* = solde P 3,13. W 161,25. = wolde P 23,5. W 24,1. 328,9. 353,19.
solde = tolde P 162,21. = wolde P 176,21. 198,27. 210,29. 264,17. 538,13. 599,11. 614,3. 622,19. 626,25. 658,13. 696,9. 706,19. 762,3. 809,21. W 10,5. 142,21. 149,3. 177,1. 195,17. 353,27.
OLDEN. *wolden* = solden P 631,3. 710,13.
OLDES. *soldes* = goldes P 17,21.
OLEN. *dolen* = erholen P 725,29. = holen P 302,29. = kolen P 184,17. = unverholen W 463,13. = verholen W 268,19.
volen = verstolen P 546,1.
OLGEN. *erbolgen* = gevolgen W 148,25. = volgen P 127,23. 157,5. 393,11. W 221,7.
OLLE. *Apollo* = ervolle W 291,23. = zolle W 339,11. 449,17.
OLLEN. *vollen* = stollen P 233,7. = zollen W 113,15.
OLN. *doln* = erboln P 358,7. 768,7. W 371,21. = holn P 547,25. 797,11. W 94,21. 315,13. = koln P 459,7. = unverholn P 608,9. = voln P 75,21.
holn = koln P 456,9. W 266,17.
unverholn = unverstoln P 303,25.
verstoln = unverholn P 710,25. = verholn P 349,11. 703,21.
OLNE. *verholne* = dolne T 158. = verstolne. T 79.
OLST. *dolst* = erholst W 348,13.
OLT. *Rûmolt* = holt P 420,25.
erholt = bolt P 510,1. = dolt W 385,7. = gedolt P 270,27. 342,23. W 231,11. = solt P 228,23. 232,13. 317,1. W 322,11.
gedolt = geholt P 159,25. 277,11. 617,29. = holt P 190,3. 311,29. 607,5. 774,5. W 303,5. = solt P 245,15. = unscholt P 462,7. = verbolt P 569,1.
golt = geholt P 552,15. = holt P 9,5. 143,9. 222,17. W 140,1. 464,21. = solt P 37,7. 53,17. 84,27. 335,27. W 257,21.
solt = geholt P 208,5. 632,17. W 323,1. = holt P 14,9. 73,23. 115,17.

154,17. 182,27. 206,27. 289,21. 371,25. 419,9. 430,1. 451,15. 456,17. 457,21. 529,3. 532,21. 618,15. 677,19. 716,13. 726,17. W 31,13. 165,17. 184,21. 242,5.

OLTE. *dolte* = erholte P 365,1. = holte P 387,7. 583,17. W 113,27. 369,23. = solte W 437,25. = wolte P 510,25. W 130,9. 282,25. T 17. 109.
gedolte = erholte P 742,9.
solte = enwolte W 163,19. = holte P 625,11. = wolte P 57,7. 129,25. 517,13. 523,21. 539,11. 565,29. W 285,25. T 153.
wolte = krisolte P 566,21. W 60,7.

OLTEN. *dolten* = enwolten W 50,15. = erholten W 7,1. = holten W 20,1. = wolten P 672,17. W 451,15.
molten = unbescholten W 422,29.
solten = holten P 652,11. = vergolten W 18,23. = wolten P 21,21. 91,19. 423,25. W 257,1. 340,1. 446,25.
unvergolten = unbescholten P 361,13.
wolten = vergolten W 252,1.

OLZ. *stolz* = bolz P 217,13. = holz P 159,17.

OLZEN. *stolzen* = Iserkolzen W 296,3. = kolzen P 683,17. 705,11.

OMN. *komn* = benomn P 585,27. 606,7. 733,13. W 44,9. 59,5. 144,21. 151,27. 166,15. 175,25. 228,23. 238,25. L 5,2,4. = fromn P 157,1. = gefromn P 483,13. 492,27. = genomn P 83,5. 87,21. 96,3. 110,1. 111,7. 121,17. 173,23. 174,19. 179,11. 234,15. 337,21. 340,1. 346,9. 319,1. 359,23. 375,11. 395,1. 419,25. 424,9. 464,27. 526,3. 527,9. 529,27. 562,3. 563,27. 571,23. 595,3. 623,11. 625,29. 656,29. 663,5. 670,1. 673,7. 680,15. 683,25. 687,27. 688,11. 689,15. 706,27. 717,15. 720,11. 721,1. 723,1. 728,29. 755,9. 776,19. 777,15. 798,27. = genomn P 803,25. 821,15. 822,11. W 13,11. 27,17. 65,11. 77,5. 87,15. 110,13. 118,1. 121,5. 122,19. 127,21. 157,29. 169,27. 170,29. 186,7. 200,23. 202,19. 210,3. 224,19. 232,21. 238,5. 240,27. 243,11. 277,19. 280,13. 284,5. 285,7. 301,9. 313,1. 314,7. 319,5. 336,5. 339,21. 352,23. 362,13. 367,23. 389,17. 390,25. 398,1. 423,11. 424,15. = unvernomn P 667,25. W 25,5. 26,13. 123,17. 308,11. = vernomn P 6,7. 24,15. 61,29. 69,27. 86,9. 88,7. 120,17. 175,21. 155,9. 196,29. 206,17. 217,25. 229,19. 281,9. 307,17. 318,1. 322,7. 325,13. 326,1. 352,11. 354,13. 356,25. 364,19. 383,27. 390,15. 392,23. 416,5. 432,11. 443,3. 483,21.29. 500,3. 554,23. 557,19. 559,19. 562,21. 573,21. 580,1. 586,11. 594,3. 608,19. 620,15. 629,9. 632,7. 633,5. 634,15. 639,11. 647,29. 649,11. 652,15. 654,1. 659,17. 661,5. 664,25. 666,15. 665,23. 677,9. 678,29. 682,5. 684,15. 685,23. 690,25. 695,17. 699,5. 710,9. 713,15. 725,11. 727,25. 754,11,29. 776,25. 775,15. 780,17. 784,1. 788,7. 792,9. 797,1. 799,9. W 7,23. 23,11. 41,5. 47,17. 94,5. 109,1. 112,3. 114,13. 116,23. 128,25. 140,25. 144,7. 152,19. 159,23. 163,11. 197,17. 201,15. 225,3. 233,27. 242,29. 269,13. 313,25. 334,7. 338,7. 345,29. 351,21. 359,15. 397,5. 402,5. 407,29. 427,29. 440,27.
náchkomn = benomn W 183,23. = gekomn P 555,17.
überkomn = genomn P 803,21. W 215,9.
vernomn = gekomn P 112,15.

ON. *von* = won W 254,27. 267,29.

ONEN. *wonen* = konen P 474,19. 494,19. = ronen P 161,13. 216,11. 265,17. 534,13.
ONS. *Malatons* = Malacrons W 435,29.
ONTE. *Assigarzionte* = Thopedissimonte P 736,15.
Tinodonte = Schipelpjonte P 770,5.
OP. *Jericop* = Iop W 394,25. = schop W 396,3.
OPF. *kopf* = topf P 150,15.
OR. *Antanor* = vor P 707,21.
Astor = Archeinor P 770,25. = Jámor P 379,21. 387,27. = vor P 356,19. 359,15. 382,9.
Edtor = embor W 45,11. = vor W 21,1. 56,23.
Clinschor = enbor P 589,11. = tor P 617,5. = vor P 605,29.
Ektor = enbor W 401,19. 433,9. = vor W 432,17.
Jámor = enbor P 381,15. = tor P 376,15. = vor P 377,5.
Nabchodonosor = bevor P 102,3.
Pantanor = enbor W 77,23.
bevor = urbor P 766,11.
tor = dervor W 176,25. = enbor P 649,27.
vor = enbor P 493,1. 539,17. 567,11. = spor P 249,5. 448,21. 525,27. W 117,15. 315,19. = tor W 114,17. 207,13. 561,5.
ORBEN. *erworben* = erstorben P 77,3. 606,19. 608,25. 662,23. W 124,23. 172,5. 226,5. T 26. = unverdorben P 545,1. 699,15. T 16.
geworben = verdorben P 193,5. 317,15. 616,3. W 261,11.
ORDEN. *orden* = worden P 69,3. 81,13. 126,7. 171,13. 652,7. 757,21. W 9,15. 180,5. T 6.
ORDES. *Cordes* = hordes W 34,17. 38,19. 288,21. = mordes W 407,29.
ORGEN. *morgen* = gesorgen P 118,13. = sorgen P 125,7. 208,25. 491,27. 676,29. 704,21. W 164,15. = unverborgen P 648,1. L 6,3. = verborgen P 245,27.
sorgen = borgen P 434,23. T 20. = verborgen P 248,9. 561,15. T 88.
ORHT. *ercorht* = entworht W 320,13. 355,19. = geworht P 627,25. W 111,13. 114,27. 434,11. = verworht W 75,19.
unervorht = entworht W 294,1. = geworht P 435,9. 723,27. W 356,17. 370,23. 376,29. 422,1. = umbevorht W 401,25.
ORHTE. *vorhte* = unrevorhte P 673,5. W 166,9. = worhte P 148,27. 379,13. W 239,19.
ORHTEN. *worhten* = unervorhten W 235,7. = vorhten P 78,15. W 230,9.
ORN. *dorn* = erkorn P 600,9. = geborn P 257,7. = verlorn P 66,1.
erborn = erkorn P 659,29. 739,21. 754,19. W 4,1. 62,7. 63,3. 121,21. 358,17. = rekorn W 150,21. = unverlorn W 131,1. = verkorn P 499,13. 728,23. W 184,27. = verlorn P 108,9. 464,3. 474,27. 680,3. 732,17. 751,29. 763,19. W 30,27. 152,21. 170,11. 219,5. 254,9. 291,29. 293,11. 455,11. 462,25. 464,29. = vlorn W 338,27.
erkorn = geborn P 4,19. 9,11. 112,11. W 214,1. 463,19. = ungeborn P 39,27. = unverlorn P 619,23. = vlorn W 102,11.
geborn = unverkorn P 750,23. = verkorn P 267,17. 279,7.

gesworn = ungeborn P 108,15. = unverlorn W 299,5. = verlorn W 209,15. 212,1. 339,25.
horn = erkorn W 35,13. = vorn P 483,1.
sporn = geborn P 299,29. 602,13. W 357,9. 416,23. = verlorn P 648,11. W 79,1.
torn = verlorn W 178,1.
urborn = bevorn P 221,17. = erkorn W 383,23. = sporn W 362,27. = verkorn P 614,25. = verlorn W 202,29.
verlorn = enborn P 392,13. W 246,17. = erkorn P 82,13. 177,13. 212,19. 398,13. 442,29. 448,17. 612,29. 632,25. 651,13. 656,1. 742,25. 788,11. 796,21. 819,19. 825,21. W 64,7. 101,5. 135,7. 151,15. 255,29. 308,19. 310,23. 446,1. 453,13. = geborn P 22,15. 219,15. 298,25. 326,15. 441,3. W 160,25. 204,1. = reborn W 167,15. = rekorn P 574,21. = unverkorn W 110,19. = verkorn P 51,3. 268,17. 441,19. 415,19. 818,9. W 251,19. 256,15. 354,19. = zurborn P 102,15.
zorn = dorn P 365,21. W 166,1. = enborn W 118,13. = erborn W 290,21. = erkorn W 273,23. 317,19. = geborn P 132,15. 264,1. 292,13. 541,23. 651,7. 720,13. W 141,3. 276,13. = horn W 41,17. = sporn W 390,13. = verborn W 282,3. = verkorn P 402,17. 555,29. W 163,13. = verlorn P 229,7. 359,27. 404,15. W 149,9. 165,19. 289,17.

ORNE. *horne* = geborne W 353,25.
zorne = erkorne P 619,13. = geborne P 30,21. 535,29. = verlorne P 198,17. 265,11. 467,7.

ORS. *Fdbors* = ors W 176,21.
Gors = ors P 348,25. 380,17. 386,13.
Prienlascors = ors P 72,9. 473,27. 540,29.
Segramors = ors P 288,5.

ORSTEN. *vorsten* = getorsten W 370,15.

ORT. *dort* = bort W 32,1. = hort W 160,10. 310,9. 446,3. = lantwort W 192,11. = mort W 162,13. = vort P 357,1.
ort = bekort P 14,29. = bort W 415,7. = dort P 176,15. 621,21. 681,11. 690,12. 762,15. W 43,25. 274,3. 312,7. 417,27. = gebort P 106,15. = hort W 457,15. = unervort P 222,25. = wort P 33,15. 88,9. 92,11. 94,19. 158,27. 292,15. 653,11. 797,27. W 2,15.
wort = dort P 177,7. 188,21. 254,15. 293,17. 302,5. 363,29. 450,9. 514,23. 703,29. W 4,11. 144,13. 201,7. 236,15. 247,25. = hort P 653,25. W 79,25. 306,5. = mort W 10,19. = vort P 115,23.

ORTE. *orte* = worte P 91,11. = porte P 403,13.
porte = gegenworte P 637,21.

ORTEN. *orten* = borten W 60,3. 295,9. 406,19. = porten W 114,25. 200,7. = worten W 402,21.
porten = worten P 30,11. 247,15.

ORZ. *Grigorz* = Guverjorz P 210,7.
Senilgorz = Strangedorz P 779,6.

OS. *ros* = mos P 58,3.

OSEN. *losen* = hosen P 58,3. = wehselpfosen P 363,27.

OST. *kost* = tjost P 328,25. 377,27. 411,1. 812,23. W 29,15. 76,29. 123,7. 366,13.
OSTE. *tjoste* = koste P 497,13. 521,29. 530,23. 598,9. 616,5. 675,5. 738,23. W 3,21. 209,27. 362,11.
OT. *kalot-enbolot* = spot P 657,13.
Tribalibot = got P 328,13. 750,1. = spot P 326,21.
gebot = spot P 330,1. 697,19.
got = gebot P 119,13. 122,29. 225,15. 391,29. 558,5. 815,5. 818,5. W 18,29. 197,15. 261,13. 338,13. 441,3. = spot P 102,7. 107,19. 119,17. 120,27. 122,25. 193,23. 259,1. 269,19. 289,11. 332,1. 447,25. 449,19. 454,3. W 291,11. = urbot P 438,15. 562,11. W 260,5.
OTE. *gote* = bote P 266,17. 370,19. 380,11. 416,3. 812,27. W 3,15. = gebote P 355,15. 787,13. W 71,25. 107,17. 120,7. 220,1. 252,5. 350,11. 449,25. = sicherbote P 741,25. = tote P 461,9.
OTEN. *Roten* = goten W 86,21. 404,21.
goten = boten W 185,27. 292,23. = enboten P 17,5. = geboten P 45,1 W 44,7. 75,5. 398,27.
roten = boten P 58,5. = enboten P 148,9. 206,21. = geboten P 373,23.
OTN. *botn* = totn W 275,23.
gebotn = gesotn W 133,11. = gotn W 339,3.
OTS. *gots* = gebots P 816,29.
OTTE. *Margotte* = rotte W 35,29. 396,25.
Otte = sunderrotte W 393,29.
rotte = spotte P 143,25.
OTTEN. *Schotten* = rotten P 48,27. = spotten P 52,23.
OVEL. *borel* = hovel P 350,29.
OWEN. *schowen* = juncfrowen P 446,17.
OZZEN. *beslozzen* = begozzen W 463,7. = verdrozzen P 734,1. = unverdrozzen P 60,29. T 131.
genozzen = begozzen P 725,5. = beslozzen P 655,21. = unverdrozzen P 276,27. 549,5. 672,29. T 15. = verflozzen W 43,23.
unverdrozzen = erschozzen P 139,1. = geslozzen P 665,13. = umbeslozzen W 367,15.
verdrozzen = begozzen W 439,19. = geslozzen P 510,21.

Œ.

ŒL. *Barbigœl* = Ydœl P 413,17. 665,1.
Plimizœl = Barbigœl P 385,1. 418,15. 497,9. 503,7. 646,5. = Idœl P 277,3. 311,5. 761,7. = Karidœl P 281,23. 336,5. = hâberjœl W 356,7.
ŒHE. *hœhe* = fürgezœhe W 184,3.
ŒHET. *erhœhet* = geflœhet W 82,19.
ŒHTE. *möhte* = getôhte W 58,23. 280,29. = tôhte P 489,11. 512,5. 588,29. 761,25. W 64,3. 378,27.
ŒHTEN. *möhten* = tôhten W 5,27. 17,7.
ŒNE. *schœne* = gedœne P 39,21. = gehœne P 514,17. = hœne W 33,25.

ŒNEN. *hænen* = beschœnen P 410,17.
ŒRE. *gehœre* = zestœre W 159,25.
ŒREN. *hœren* = betœren P 115,9. = enbœren W 316,15. = kœren W 230,27. = rœren P 506,7. = zestœren P 711,7.
stœren = gehœren W 144,11.
ŒRET. *gehœret* = gestœret P 487,13.
ŒSET. *erlœset* = erœset P 213,11.
ŒSTEN. *bœsten* = hœsten W 185,13. = trœsten W 314,21.
ŒTE. *nœto* = kleinœte P 373,17. = rœte W 188,29. T 110.
ŒTEN. *nœten* = tœten P 343,29.
ŒTET. *gelœtet* = gerœtet P 145,27. = tœtet P 482,9.

OY.

OYDE. *Herzeloyde* = Richoyde P 84,9.
OYE. *Garschiloye* = schoye P 806,13.
Muntschoye = boye W 397,21.
Terdelaschoye = boye P 56,19.
OYEN. *Garschiloyen* = schoyen P 255,9.
OYN. *Avendroyn* = Lirivoyn P 354,21. 378,13. 388,23.
OYS. *Araboys* = Schampânoys W 366,17. = Seciljoys W 205,21. = kurtoys W 153,17. 313,1.
Berlenoys = Franzoys P 314,19. = Lôgroys P 664,19. = Punturtoys P 526,21. 726,23. = kurtoys P 325,29. 723,11. 753,29. 761,19.
Burgonjoys = Franzoys W 15,27. = Punturtoys P 545,29.
Franzoys = Engeloys W 269,25. = Vermandoys W 142,15. 440,3. = kurtoys P 46,21. 62,3. 312,21. W 24,9. 253,21. = portenoys W 332,7.
Lôgroys = Punturtoys P 67,15. 506,25. = Vermandoys P 665,5. = kurtoys P 508,25. 519,29. 593,11. 619,25. 630,15. 632,15. 672,25.
Punturtoys = kurtoys P 727,17.
Tananarkoys = kurtoys W 359,21.
Troys = poys P 271,9. = roys P 288,15.
roys = poys P 286,25.
OYSE. *Burgunjoyse* = Engeloyse W 126,9.
Franzoyse = Araboyse W 364,11. 389,11. = Seciljoyse W 316,27. = kurtoyse W 41,25.
OYT. *Boytendroyt* = Schoyt W 356,19.
Coslascoyt = Noyt P 178,11.

ŒV.

ŒVDE. *frôude* = tôude P 76,27. 230,19. 291,3.
ŒVN. *tôun* = gevrôun P 253,19.
ŒVT. *frôut* = gestrôut P 83,29.

gevrönt = dröut P 153,7.
ŒVTEN. *tönten* = ströuten W 393,7.

OV.

OV. *tou* = gerou P 748,27. = rou P 252,17. W 448,25.
   zeblou = gerou P 215,7.
OVBE. *loube* = schoube W 318,21.
OVBEN. *rouben* = gelouben P 364,21. 500,15. 817,11. = glouben W 17,5.
OVBET. *geloubet* = betoubet P 10,21. = roubet T 94. = unberoubet W 271,15. T 48.
   houbet = betoubet P 40,17. 573,1. W 20,25. = geloubet P 298,27. 746,27. W 376,19.
OVBTE. *rouble* = geloubte W 352,15.
OVC. *Azagoue* = erlouc P 27,29. = flouc P 30,23. = louc P 41,11. W 392,17. = trouc P 84,21. 750,19.
   betrouc = gebouc P 4,13.
   floue = souc P 476,27. = trouc W 14,11.
   genoue = getrouc P 595,27.
   louc = enpflouc P 430,13.
OVCH. *ouch* = rouch P 482,3.
OVF. *touf* = geslouf P 28,13. = kouf P 813,29. W 23,17.
OVFE. *koufe* = goufe W 92,11. = toufe W 120,11. 199,23. T 24.
   toufe = vorloufe W 435,11.
OVFEN. *beroufen* = geschoufen T 104.
   erloufen = verkoufen T 134.
OVFES. *toufes* = koufes P 418,13.
OVFT. *getouft* = louft W 216,7. = verkouft W 193,13. 284,17.
OVFTE. *erkoufte* = bestroufte W 260,21.
   koufte = getoufte P 495,27. = toufte W 405,23.
   loufte = getoufte P 739,27. 743,9. = verkoufte P 789,7.
OVFTEN. *getouften* = kouften W 16,23. = souften W 53,9. = verkouften W 255,1. 373,21.
OVGEN. *ougen* = lougen P 133,11. W 189,15. = tougen P 25,25. 111,11. 454,19. 480,23. 595,19. 631,13. 661,21. 697,29. 710,1. 724,23. 752,23. L 10,12. 12,5.
OVM. *roum* = herzentoum P 266,29. = magetoum P 27,11.
   soum = boum P 292,17. = troum P 245,9. 464,1. W 136,19.
   troum = antlützesroum P 1,21. = herzeroum P 337,11.
   zoum = ólboum W 138,27. = soum W 113,21. 127,23. 373,9. = troum P 782,13.
OVME. *goume* = boume P 205,19. = ólboume P 352,27. = zoume P 447,9. 738,25.
OVMEN. *boumen* = soumen P 353,9.
OVP. *gestoup* = kloup P 381,21.

loup = ramschoup P 486,7. = roup P 200,19. = schoup P 82,25. W 244,27. = stoup W 235,15.
toup = réroup P 475,5.
urloup = schoup P 191,17. 641,15. = stoup W 57,19. 82,23. = toup P 290,19. W 192,15.
OVWE. *Anschouwe* = frouwe P 41,17. 56,1. 76,19. 80,7. 94,21. 103,7. 261,21. 410,23. 499,5.
Ouwe = frouwe P 143,21.
frouwe = ouwe P 387,15. 600,5. = schouwe P 223,17. 346,19. 506,3. 509,3. 512,15. 521,15. W 104,25. 403,1. T 62. = touwe P 132,29. 188,9. W 64,13. 268,3.
juncfrouwe = schouwe P 554,3.
OVWEN. *Anschouwen* = verhouwen W 20,15.
frouwen = beschouwen W 267,7. = betouwen W 398,17. = geschouwen P 599,9. = verhouven P 20,3. 81,19. 217,23. 271,17. 283,29. = zerhouwen P 101,15. 270,13. 408,27. W 273,19.
gehouwen = beschouwen P 813,21.
schouwen = erhouwen W 50,25. 54,13. = frouwen P 32,19. 61,5. 83,1. 112,23. 115,7. 151,9. 153,15. 175,13. 186,11. 196,17. 216,15. 260,19. 267,25. 309,27. 319,17. 331,5. 352,5. 436,7. 509,19. 530,21. 534,27. 556,11. 563,21. 574,9. 577,7. 592,23. 597,11. 601,19. 610,7. 623,1. 624,7. 630,5. 639,21. 647,19. 651,21. 654,19. 660,19. 666,11. 671,9. 676,5. 682,11. 695,21. 698,23. 705,3. 709,25. 718,7. 762,19. 765,5. 773,11. 784,17. W 120,1. 127,15. 161,9. 186,25. 208,25. 235,1. 423,7. T 11. 100. = gehouwen W 422,23. = juncfrouwen P 123,27. 243,21. 272,21. 318,17. 334,3. 637,11. W 109,29. 231,21. 313,7. = ouwen W 319,7. T 117. = überhouwen W 394,11. = verhouwen P 505,1. W 427,23. 442,5. 451,15.
OVWET. *betouwet* = beschouwet P 573,25.
gefrouwet = selpschouwet P 145,23.

Ó.

O. *Katolicó* = sò P 399,11. 563,7.
Cupidó = sò P 532,1.
Jánó = sò P 750,5. 767,3. = vrò P 748,17.
Léó = dò W 92,1.
Plátó = dò P 465,21. = sò W 218,13.
alsó = drò W 222,1. = unvrò P 322,13. 680,11.
dó = alsò P 427,13. 525,11. 642,1. W 203,17. 224,5. L 4,34,36. = drò P 521,7. = sò P 279,27. 259,1. 377,7. 408,7. 447,19. 474,9. 539,29. 677,21. 816,23. W 136,21. 138,19. = unvrò P 240,3. W 61,23. 124,13. 142,3. l. 8,10.
só — unfrò P 85,10. 175,11.
vró = alsò P 209,15. 287,21. 577,3. 624,5. 655,3. 773,1. 797,19. W 12,7. 131,7. 145,5. 183,17. 208,7. 460,15. = dò P 23,13. 34,29. 40,21. 47,3. 94,27. 309,1. 392,5. 395,15. 467,11. 591,7. 645,7. 647,27. 649,19. 696,19. 758,27.

751,11. 806,29. 622,21. W 42,27. 79,13. 122,7. 192,25. 201,1. 236,9. =
só P 50,13. 200,13. 202,29. 228,15. 286,15. 291,1. 306,7. 416,23. 509,7.
515,5. 540,15. 548,7. 624,23. 640,7. 685,7. 694,27. 709,3. 777,23. 795,3.
W 131,21. 245,11. 304,21. = stró W 393,11. = wåfenó P 675,17.
ÓCH. *hóch* = enpflöch W 58,27. 198,15. = gezòch P 399,21. 612,7. 645,13.
740,23. = zòch P 36,15. 151,1. 180,19. 454,25. 589,3. 776,13.
vlòch = erzòch P 421,23. = gezòch P 52,7. 415,1. W 7,25. = hòch P
400,3. 533,29. 571,13. 751,7. W 155,7. 173,9. = widerzòch P 20,1. =
zòch P 77,21. 94,25. 105,13. 113,11. 181,25. 476,3. 478,21. 514,29. 528,9.
586,5. 805,7. 809,19. W 41,11. 57,7. 81,23. 114,7. 353,7.
zòch = enphlòch W 180,3. = geflöch W 359,23.
ÓHTE. *tóhte* = enmòhte W 66,1.
ÓLE. *Spanòle* = fòle P 91,15.
ÓN. *Acratòn* = Ipopoliticòn P 687,9. = lòn P 309,17. 629,23.
Ascalòn = Glorlòn W 348,27. = Narbòn W 362,29. = dòn W 384,11.
Babylòn = Ipomidòn P 14,3. 101,27. = lòn P 23,7. 111,23.
Belrimòn = lòn P 463,9.
Dwscontomedòn = Solofeititòn P 770,17.
Elizodjòn = Ipopoliticòn P 770,13.
Eskelabòn (Eskalibòn) = lòn W 26,25. 363,9.
Gascòn = lon P 67,27.
Geòn = Flson P 481,19.
Ipomidòn = lòn P 106,7. 751,23.
Narbòn = Glorlòn W 383,11. = dòn W 115,7. 329,17. 397,9. = lòn W
14,1. 43,17. 95,25. 167,19. 195,11. 249,23. 261,17. 346,17. 381,21. 403,29.
Salmòn = flslòn P 453,25.
Samsòn = lòn W 415,29.
Sansòn = dòn W 151,25. = lòn W 25,9. 418,21.
Talimòn = Eskalibòn W 341,25. = dòn W 255,21. = lòn W 106,25.
206,3.
Tetragramatòn = lòn W 309,9.
bestiòn = calcidòn P 791,3.
calcofòn = celidòn P 791,11.
lòn = dòn P 370,7. 475,17. 766,15. 814,27. W 17,1. 299,21. 337,9. 456,13.
L 5,13,15. 7,12. = ecidemòn P 736,9. 768,23.
ÓNDE. *lònde* = hònde P 657,1. = schònde W 204,9.
ÓNDEN. *lònden* = schònden P 811,13.
ÓNE. *Babylòne* = schòne P 21,19.
Gloriùne = kròne W 27,5.
Ipomedòne = kròne T 74.
Collòne = kròne W 84,9. = schòne W 85,29.
Samargòne = dòne W 374,17. = kròne W 201,19. = schòne W 125,7.
232,5. 284,7. 345,15. 447,13.
Kròne = dòne P 692,5. W 407,21. = lòne P 77,17. 319,9. 327,29. W
9,29. 22,25. 86,11. 145,17. 166,3. 176,3. 205,19. 206,15. 348,9. 349,15. T
149. = schòne P 5,25. 236,21. 254,23. 266,21. 638,9. 654,13. 660,13. W
30,7. 340,9. 350,19. 382,9. 394,1. 462,1. T 26. 151.

7

lóne = calcidóne P 735,21. = schóne P 430,3. 736,21. W 153,21. T 58. 144.
nóne = schóne P 485,25.
ÔNEN. *Thalimónen* = schónen W 363,19.
dónen = gelónen W 396,19.
lónen = geschónen W 431,17. = krónen W 181,15. = schónen P 719,25. W 83,1. 380,27.
schónen = krónen P 415,21. W 158,19. = gelóren P 715,25.
ÔNTES. *krúntes* = schóntes W 221,3.
ÔPEL. *Vinepópel* = sinópel W 448,7.
ÔR. *Schafillór* = Mór P 85,29. = rór P 79,1.
Mór = rór P 41,23. = tór P 26,21. 37,19.
búr = kór W 309,5.
rór = tór P 506,13.
ÔRE. *hóre* = óre P 354,1.
ÔREN. *Móren* = óren P 398,15.
úren = tóren P 153,11.
ÔRET. *geflóret* = vertóret W 352,13.
ÔRN. *erbórn* = erkórn P 656,15.
ÔRSEN. *Fúbórsen* = flórsen W 373,15.
ÔRTE. *hórte* = geñórte W 195,3. = stórte P 712,27. 733,11. W 21,3. = zestórte P 702,1. L 6,41.
stórte = überhórte P 463,21.
ÔRTEN. *geflórten* = gehórten W 305,9. 344,21. = hórten W 207,7.
ÔS. *erkós* = helfelós P 617,1. = hérrenlós W 267,15. = kreftelós P 692,3. = ruowelós P 587,15. = vrós P 262,3.
kós = helfelós W 207,9. = rehtelós W 185,7. = wislós W 131,13.
nós = vrós P 581,3.
verkós = libelós W 217,25. = sigelós W 412,19. = wiselós P 460,29.
verlós = erkós P 12,17. 182,9. 346,17. 410,11. W 5,21. 73,25. 158,23. 180,29. 345,23. 355,15. L 1,4. = helfelós P 501,27. = hérrenlós W 344,27. = kós P 30,27. 91,25. 111,17. 429,21. 438,3. 478,1. 750,25. W 55,27. 260,5. 285,11. 354,13. 370,29. 386,15. 441,11. 454,13. = lós P 284,11. = rehtlós P 524,25. = sigelós P 693,27. W 421,7. 450,5. = verlós P 327,11. 428,27. 471,23. W 309,3.
ÔSE. *Valpinóse* = kóse W 357,15. = unlóse W 343,27.
ÔST. *erlóst* = untróst W 104,19.
tróst = erlóst P 195,13. 199,17. 315,29. 329,17. 358,9. 371,3. 433,27. 655,25. 768,13. W 1,23. 10,29. 96,25. 102,29. 210,21. 219,9. 247,19. 286,15. 302,21. 454,29. L 7,27. = unerlóst P 733,15. W 92,29. 166,29. 456,19.
ÔSTE. *tróste* = erlóste W 17,17. 105,5. = lóste P 107,11. 390,19. 516,19. = róste W 239,21. = unerlóste P 488,11.
ÔSTEN. *lósten* = verbósten W 265,3.
ÔT. *Hynót* = tót P 585,90.
Irót = bót P 604,19. = nót P 658,9.
Kyót = Maupfilyót P 186,21. = enbót P 827,3. = gebót P 453,5. = nót P 797,3. = prót P 190,9. = tót P 477,3. 805,11.

ÓT. 99

Lanzilót = nót P 387,1. 553,7.
Lót = Irót P 608,11. = bót P 78,25. 303,19. 636,11. 730,7. = enbót P 728,7. = gebót P 585,9. = nót P 341,11. 633,11. 644,3. 675,7. 692,29.
Manpflyót = nót P 190,15.
Obilót = enbót P 394,1. = gebót P 353,17. 396,9. = nót P 345,25. 372,27. = rót P 358,7.
Plippalinót = enbót P 599,27. 628,27. 663,9. = gebót P 621,9. 667,27. = tót P 623,15.
Tribalibót = Schamilót P 822,7. = enbót P 823,3. = nót P 517,29. 740,11. 811,9. = rót P 374,29.
bót = berzenót P 528,7. 619,17.
brót (prót) = bót P 279,21. = erbót W 112,17. = gebót P 238,3. 452,19. 550,3. = nót P 142,21. 165,15. 184,7. 226,21. 248,25. 480,15. W 105,11. 134,5. 262,3. 269,15. = tót P 190,29. W 68,7.
gabylót = gebót P 153,17. = nót P 153,17. 159,11. = surkót P 145,1. = tót P 124,13. 139,3,29. 155,9. = verbót P 157,19.
lót = erbót P 406,5.
nót = bót (pót) P 35,1. 84,29. 119,23. 125,1. 182,21. 199,9. 223,13. 299,25. 325,11. 331,17. 377,19. 379,19. 472,25. 508,7. 527,23. 611,23. 631,17. 664,23. 696,11. 802,7. W 82,1. 99,13. 112,27. 130,15. 133,7. 148,13. 177,7. 400,9. = botenbrót P 21,1. = enbót P 204,9. 529,21. 626,7. 652,27. 653,25. 686,23. 718,1. 731,13. = erbót W 213,15. = gebót P 9,17. 35,11. 43,27. 85,25. 185,15. 232,1. 296,13. 297,19. 344,17. 391,3. 403,9. 423,23. 432,29. 436,23. 454,27. 530,17. 547,13. 549,17. 603,21. 622,21. 653,13. 665,9. 688,9. 706,23. 707,19. 768,25. 789,21. 810,21. W 42,5. 89,19. 146,3. 239,13. 251,23. 292,19. 303,9. = lót P 296,7. W 256,21. = missebót P 368,27. = rót P 130,5. 170,3. 188,13. 206,15. 209,3. 211,5. 218,3. 244,7. 257,17. 282,21. 490,1. 492,21. 618,21. 704,15. 807,5. W 63,25. L 9,38. 10,2. = tót P 17,7. 56,7. 69,29. 81,3. 95,7. 105,5. 110,17. 112,13. 136,17. 137,25. 141,17. 156,9. 175,15. 192,5. 205,11. 208,17. 213,21. 219,19. 245,13. 249,15. 252,19. 255,19. 259,13. 264,13. 266,5. 295,21. 370,11. 383,9. 410,7. 411,21. 415,7. 416,11. 417,7. 421,11. 424,27. 426,1. 435,21. 445,7. 476,11. 541,27. 542,27. 557,9. 572,21. 574,15. 594,25. 600,29. 606,5. 609,23. 614,19. 625,21. 643,25. 655,21. 659,1. 685,25. 729,11. 752,11. 759,9. 771,21. 767,3. 795,9. 799,7. 804,23. W 3,3. 15,17. 19,11. 23,13. 27,19. 28,5. 31,11. 39,19. 46,23. 52,15. 54,17. 57,15. 61,13. 64,23. 76,1. 77,19. 81,9. 89,1. 90,29. 93,27. 102,3. 107,3. 108,19. 110,23. 115,17. 119,5. 120,17. 123,11. 149,15. 151,29. 163,9. 164,13. 167,29. 178,5. 202,1. 209,23. 217,17. 223,25. 231,3. 240,21. 258,9. 284,15. 310,29. 324,11. 325,25. 336,27. 337,23. 355,17. 373,25. 409,5. 419,7. 428,27. 430,5. 433,27. 446,7. 454,19. L 7,24.
rót = bót P 145,17. 187,3. 239,1. 280,9. 253,23. 383,23. 405,19. 427,1. 499,11. = enbót P 276,21. = erbót W 274,9. = gebót P 176,19. 268,23. 305,11. 309,15. 550,23.
tót = bót P 113,19. 135,23. 401,21. 443,19. 606,15. 616,11. 735,17. W 25,7. 40,29. 79,27. 88,21. 155,11. 203,29. 309,7. 444,21. 463,1. = erbót W 17,11. 212,29. 344,25. 398,23. = gebót P 6,1. 16,9. 178,25. 251,9. W 96,3.

125,25. 152,27. 206,1. 254,25. 297,25. = hellenöt P 128,23. = herzenöt P 31,5. 92,9. = röt P 315,11. 392,19.
ÔTE. *nöte* = töte W 109,19.
ÔTEN. *töten* = röten W 431,11. = verschröten P 141,23. W 423,23.
ÔZ. *Alahúz* = vlöz W 74,25.
blúz = åderstöz P 825,9. = aneböz W 77,13. = genöz P 296,19. W 51,9. = umbeslöz W 408,5. = verdröz P 27,21. 440,23. 570,9. 801,17. W 324,23.
genöz = beslöz P 213,25. = erschöz P 120,3. = verdröz P 787,29. W 212,3.
gröz = begöz W 444,19. = beslöz P 793,1. = blöz P 54,11. 390,27. 437,17. 443,7. 560,13. 607,29. W 79,5. 242,17. 330,13. = döz P 63,3. 437,5. = erschöz P 118,7. = gedöz P 567,19. = genöz P 142,13. 212,9. 547,7. 571,19. 602,19. 719,23. 781,29. 824,11. W 91,5. 105,21. 131,5. 170,21. 214,3. 230,21. 445,5. 458,15. = geschöz W 324,3. = göz W 166,23. = kampfgenöz P 688,13. = schargenöz W 413,23. = schöz P 125,27. 217,15. 224,27. 280,11. 482,25. 505,15. W 61,29. = slöz P 384,23. = verdröz P 18,9. 35,17. 233,15. 239,9. 255,5. 462,15. 513,9. 553,15. 568,3. 590,5. 640,11. 685,3. 725,27. 740,7. W 22,13. 208,1. 222,11. 225,25. 245,19. 282,11. 378,29. = vergöz W 261,25. = vlöz (flöz) P 93,5. 193,15. 354,5. 535,1. W 58,11. 102,21.
schöz = begöz P 229,13. = blöz P 191,7. W 456,5. = stöz W 65,3. = verdröz P 138,23. 508,17. W 141,7. 187,17. 230,3. = vergöz P 146,23.
stóz = geslöz W 439,23.
verdröz = klöz P 10,5. = verdöz W 427,3. = vergöz W 322,9.
vlúz (flöz) = begöz P 28,15. 396,29. W 268,5. 381,15. 420,7. = döz W 41,3. = entslöz P 506,17. = slöz P 440,15. = verdröz P 486,1. 603,1. 783,1. W 274,11.
ÔZE. *blúze* = genöze W 419,19.
dúze = stöze W 40,1.
gróze = amböze W 404,9. = genöze P 419,15. W 33,7. 205,15.
flúze = geschöze W 431,9.
ÔZEN. *gestúzen* = genözen W 4,29. 378,21. = hůsgenözen P 229,15.
grúzen = gestözen P 690,19. = schargenözen W 388,27. = stözen W 165,11. = überstözen W 435,7.
stúzen = blözen W 417,5.
ÔZTE. *grúzte* = klözte W 34,3.

OR = ORH.

OR. *porten* = vorhten P 182,5.

Ó = O.

OCH. *noch* = höch P 31,13. L 9,26. = zöch W 159,3.

dañoch = bóch, flôch L 7,5.
OMN. *kómn* = genomn P 339,11.
ON. *lón* = ecidemon P 481,7.
OR. *Antanor* = tôr P 152,23.
ORT. *dort* = erhôrt W 220,23.
  gehórt = durt P 307,13. 336,13. 426,21. = gegenwort P 641,7. = wort P 632,5. 695,29.
ORTE. *erhórte* = orte P 156,1.
  gehórte = borte P 37,3. 231,11. = worte P 691,9.
  hórte = bekorte W 68,27. = orte P 138,11. = porte W 229,17. = worte P 358,15.
ORTEN. *enhórten* = porten W 97,9.
  gehórten = porten P 157,9. = worten P 427,11.
  hórten = orten P 825,13. = porten P 663,21. W 98,3. = worten P 418,29. 526,25.
OT. *Plippalinót* = got P 561,3.
  gebot = rôt P 221,5. = tôt P 215,11. W 30,15. 266,27.
  got = erbôt P 766,23. = gabylôt P 128,11. 133,23. = missebôt P 660,21.
  nôt = gebot P 246,11. 428,9. 757,9. W 6,11. 11,29. 78,13. 150,5. 153,11. 162,9. 170,27. 212,13. 385,21. = got P 239,25. 278,5. 556,15. 578,1. W 25,13. 37,23. 49,13. 112,1. = spot W 138,9.

V.

VBEN. *schuben* = zestuben P 263,27.
VC. *druc* = ruc W 391,13. = zuc P 533,1.
  bdruc = ruc P 108,11. = zuc P 13,21.
VCKE. *drucke* = niderzucke P 212,23. = rucke W 423,27.
VCKEN. *drucken* = smucken L 7,6.
  gerucken = voldrucken W 357,19.
VCKET. *gerucket* = gedrucket P 579,9.
  gezucket = gedrucket W 77,15. 274,21. = verrucket P 757,17.
VCTE. *ructe* = dructe W 311,13. = pucte P 260,15.
VFT. *guft* = luft P 19,25. 75,27. 763,7. W 76,17. 379,13. = tuft P 240,29.
  luft = gruft P 459,5. 491,7. = tuft W 425,11.
VFTE. *lufte* = gufte W 377,27.
VGEN. *flugen* = lugen P 37,25. = pugen P 739,5.
  zugen = betrugen W 360,25.
VGENT. *jugent* = tugent P 139,25. 467,15. 472,15. 495,15. 533,13. 574,25. 613,9. W 6,9. 23,3. 48,23. 159,19. 348,29. 357,7. 453,1.
VHT. *fluht* = suht P 4,21. = zuht P 162,23. 369,25. 415,5. 467,3. 488,7. W 157,7. 254,11. 320,15. 343,3. = unzuht P 763,7.
  fruht = genubt P 238,21. = suht W 60,21. = ungenubt P 463,23. 518,13. = zubt P 26,13. 57,1. 92,19. 148,25. 164,11. 168,27. 441,9. 451,3. 454,27. 464,29. 660,1. W 167,21. 221,21. 253,21. 272,17. 290,25.
  zuht = ungenuht P 582,11. W 190,29.

VLDE. *hulde* = dulde T 116. = schulde P 135,27. 150,7. 163,3. 264,15. 266,9. 301,1. 308,19. 322,25. 343,13. 317,27. 425,29. 428,15. 466,13. 520,13. 524,21. 538,3. 543,11. 629,3. 780,5. 627,21. W 204,25. 209,21. 218,29. 252,3. 310,17. 378,29. 466,7. = unschulde P 367,5.
VLDEN. *hulden* = schulden P 549,21. 550,15. 696,21.
VM. *epitafium* = drum P 470,23. W 464,19. = frum W 73,27.
  frum = kum P 158,7. 814,1.
VMBE. *tumbe* = alumbe P 30,9. 155,19. 508,3. 670,13. 779,7. = drumbe P 530,9. 630,17. 653,9.
VMBEN. *krumben* = tumben P 509,19.
VMBER. *kumber* = tumber P 399,3. W 39,29. 163,1.
VMBES. *krumbes* = rottumbes W 400,17.
VMEN. *frumen* = kumen P 33,7. 263,7.
VMENDE. *frumende* = kumende P 610,5.
VMEST. *frumest* = kumest P 11,21.
VMMEN. *trummen* = gebrummen P 571,1.
VMMER. *kumer* = sumer W 20,3. T 88.
VMN. *drumn* = vernumn W 406,29.
  frumn = gefrumn P 366,7. = kumn P 100,3. 625,5. W 439,25. = nāchkumn P 213,19. = unvernumn P 453,19.
  kumn = gefrumn P 657,25. = genumn W 463,29. = vernumn W 452,19.
VMP. *krump* = tump W 237,11.
VMT. *kumt* = frumt P 512,11. 561,3. = gefrumt P 224,1. W 109,11. 379,11.
VNC. *Schiltune* = junc P 48,17.
  junc = sprunc P 531,1.
VNDE. *Assigarsiunde* = kunde W 356,15.
  Beuframunde = stunde T 150.
  Gerunde = begunde W 264,27. = drunde W 328,13. = kunde W 369,9. = stunde W 117,27. 238,21.
  begunde = unde P 602,9. = wunde W 414,13.
  gunde = drunde P 71,3. = funde W 38,9. 250,23. = kunde W 78,5.
  kunde = begunde P 55,19. 104,25. 403,15. 631,23. W 157,1. = drunde P 72,19. 278,21. 613,17. 618,13. = munde P 714,23. 744,27. 766,5. = stunde P 36,11. T 90. = unde P 589,27. W 365,17. = verbunde P 481,17. = wunde P 616,25.
  munde = begunde P 575,21. = gesunde P 17,15. = leithunde W 35,15. = unde W 409,29. 465,9. T 161. = wunde W 227,23.
  stunde = begunde P 29,29. 781,1. W 209,5. = enrunde P 805,19. = munde P 639,29. 712,3. 788,19. W 192,21. 208,5. 349,3. 447,3. = unde P 366,23.
VNDEN. *erfunden* = gebunden T 127. = geschunden W 426,1.
  funden = gebunden W 137,17. = treimunden W 197,29. = überwunden P 38,7. W 464,3.
  gebunden = erwunden T 155.
  kunden = begunden P 641,27. W 55,5. = funden P 592,11. W 435,21. 446,9. = gebunden P 210,21. = verswunden P 208,7. W 455,19.
  munden = enkunden W 408,13.

stunden = begunden W 50,27. = bunden P 61,23. = erfunden W 181,3. = funden P 435,5. 576,7. 681,3. 752,5. 822,1. W 69,25. 250,15. 272,9. = gebunden P 262,7. 333,9. 346,5. 531,29. 693,3. 793,23. W 141,5. 155,19. 313,17. = gewunden P 219,7. W 152,5. = treimunden W 9,1. = überwunden P 572,23. = underwunden P 548,29.
unden = gebunden P 123,23. 669,7. W 415,1. = verswunden P 547,23.
wunden = begunden P 573,3. = funden P 138,29. 165,5. 197,11. 521,19. 575,13. 584,29. 599,15. W 449,13. = gebunden P 628,3. 612,19. W 40,25. 134,21. = gesunden P 587,5. W 72,1. 441,25. = kunden P 390,3. 452,21. 484,13. 579,15. 624,29. 704,5. = schrunden P 20,15. = stunden P 253,27. 488,29. 523,7. 578,11. 640,15. 677,29. W 58,25. 99,19. 167,11. 426,23. 454,17. = unverbunden W 303,17. = verbunden W 186,27.
VNDER. *besunder* = drunder W 352,5. = tavelrunder P 135,7. 203,29. 216,5. 280,15. 322,3. 335,9. 608,27. 774,21. = under P 211,23.
kunder = merwunder W 400,27.
sunder = darunder W 337,15. = tavelrunder P 148,3. 308,27. 658,21. 684,7. 775,15. 776,29.
wunder = besunder P 224,3. 234,19. 341,7. 344,11. 565,17. W 16,13. 283,17. 339,23. 384,3. 399,21. = drunder P 566,15. = sunder P 638,13. W 197,21. 233,25. 423,5. = tavelrunder P 143,13. 146,19. 160,5. 654,7. 700,19. 708,25. = zunder P 256,27.
VNDERS. *Lunders* = wunders W 154,25.
VNDERT. *hundert* = gesundert P 682,25. 723,15.
VNDET. *begundet* = kundet P 417,25.
gehundet = verbundet T 142.
VNFT. *zunft* = nótnunft P 122,17.
VNGE. *drunge* = sunge P 211,27.
gelunge = betwunge W 265,19. = twunge W 105,3.
iunge = erbarmunge P 451,5. = samnunge P 47,15. W 199,19. = schifunge P 336,1.
VNGEN. *Nibelungen* = unbetwungen P 421,7.
betwungen = erklungen W 441,19. = errungen W 445,15. = gedrungen P 217,27. = gelungen P 198,11. 450,7. = gerungen P 555,21. T 109.
drungen = unbetwungen P 53,11.
errungen = rungen P 85,15.
erswungen = gesprungen P 691,27.
gedrungen = erklungen W 396,7. 424,29. = geswungen W 147,21. = klungen P 570,29. = unbetwungen P 148,19. W 418,3. 463,23. = underswungen P 428,5.
iungen = betwungen T 118. W 382,7. = drungen W 182,3. 276,15. = ensprungen W 338,11. = entsprungen W 253,23. = erklungen W 38,23. = errungen W 120,13. 432,3. = gesungen W 296,25. = getwungen W 391,21. = klungen W 383,9. = misselungen W 167,23. = sungen P 512,29. = twungen P 411,13. = unbetwungen W 372,15.
klungen = rungen P 69,15.
sprungen = drungen P 724,3. = erklungen P 739,21. = erswungen P 742,11. = gelungen P 99,1. = klungen P 814,29.

VNGET. *betwunget* = runget W 91,29.
VNKEN. *ertrunken* = gesunken W 177,13.
  trunken = sunken P 184,11.
VNNE. *wuñe* = suñe P 32,23. 117,3.
VNNEN. *beguñen* = entruñen P 689,7. = gewuñen W 419,1. = unversuñen P 573,23.
  bruñen = beguñen P 807,13. = kuñen W 326,15. = suñen P 2,3. 186,3. W 216,19.
  gewuñen = entruñen P 580,9. W 291,29. T 157. = suñen W 128,29. = unversuñen P 105,7. = versuñen W 232,11.
  suñen = enbruñen T 2. = guñen W 394,27.
  unversuñen = geruñen W 430,7.
  versuñen = entruñen W 318,5. = guñen T 31.
VNS. *Nugruns* = Tenabruns W 76,11. 255,5. 350,15. 392,13.
  uns = suns W 253,13. 301,13.
VNST. *kunst* = gunst P 8,25. 103,1. 643,21. W 7,3. 249,5. = ungunst P 172,25.
VNT. *Pâtelamunt* = kunt P 17,3. 64,17. 86,1. 97,19. = wunt P 90,19.
  Pititpunt = kunt W 323,13. W 369,5. = stunt W 302,11.
  Punt = kunt P 682,7.
  Tahenmunt = wunt W 439,7.
  Virgunt = kunt W 390,1.
  kunt = funt P 4,5. 292,25. 716,3. 769,23. 799,15. W 461,1. = gesunt P 654,5. 734,9. W 228,21. = gezunt W 316,25. = grunt P 339,17. W 438,9. = hunt W 327,3. = tûsentstunt P 342,29.
  munt = funt P 138,27. L 6,42. = gezunt W 287,11. = hunt P 313,21. 693,21. = kunt P 109,17. 110,27. 130,15. 136,5. 176,9. 252,27. 272,11. 296,23. 300,21. 311,17. 337,27. 414,1. 465,17. 501,3. 509,15. 551,25. 622,23. 633,25. 696,23. 724,29. 758,19. 781,23. W 119,9. 180,9. 219,15. 301,17. 303,11. 376,13. 461,23. L 1,14,17. 10,18. = leithunt P 528,27. = stunt P 99,27. 482,17. 580,27. 671,25. 712,19. 778,9. W 143,7. = ungesunt P 151,19. 432,3. 635,3. = unkunt P 299,17. W 131,25. = wunt P 46,5. 396,27. 517,3. = zestunt P 119,11. 220,23.
  schahtelakunt = zestunt P 52,15.
  stunt = enzunt W 69,13. = funt P 748,3. = gezunt W 227,7. = kunt P 227,15. W 274,29. = punt W 232,25. = unkunt P 223,21.
  sundermunt = unkunt W 399,27.
  tragamunt = ungesunt W 440,29.
  wunt = gesunt P 479,9. 506,9. 578,25. 588,3. 594,11. 615,9. = grunt P 461,15. L 9,42. = kunt P 46,17. 385,27. 590,25. 598,29. 789,15. W 410,5. = stunt P 389,19. 429,3. 522,11. W 82,9. = tragamunt W 431,27. 443,13.
VNTE. *Cynidunte* = Pelplunte P 708,29.
VNZ. *Lanveruns* = Poydisonjunz P 343,21. 358,25. 382,19.
VRBEN. *erwurben* = ersturben W 367,5. = sturben W 37,19.
  wurben = ersturben P 823,13.
VRC. *Gyburc* = kurc W 9,13. 66,13. 228,19. = murc W 23,5.

bure = kure P 339,5.
VRCH. *durch* = furch P 140,17. W 83,27. 327,21.
VREN. *kuren* = verluren P 281,25.
VRM. *sturm* = wurm W 401,3.
VRN. *verlurn* = erkurn P 250,9. W 338,3. 370,9. = kurn W 451,5.
VRREN. *wurren* = kurren P 69,11.
VRT. *Schoydelakurt* = furt P 583,25.
 furt = geburt P 114,3. W 346,13. 397,29. = gegurt P 310,29. = gehurt
  P 400,21. W 42,25. 58,9. = hurt P 68,11.
 geburt = umbegurt W 307,19. = zerhurt W 240,15.
 gegurt = gehurt W 67,9. = gehurt P 777,11. = verhurt W 110,15.
 hurt = enkurt P 195,7. = gefurt P 444,13.
VRTE. *Schoydelakurte* = hurte T 41.
 antwurte = furte W 459,5. = gurte P 246,25. 611,19.
 furte = hurte P 600,3. W 384,15. 404,3.
VRZ. *kurz* = hirzwurz P 643,27.
VS. *Affinamus* = sus P 724,11.
 Altissimus = alsus W 100,27. 431,23. = antarcticus W 216,5.
 Jésus = sus W 357,23.
 Liddamus = alsus P 416,19. 418,25. = sus P 425,15. = Turnus P 419,11.
 Lischoys Gwelljus = alsus P 507,1. 542,1. 536,9. 558,29.
 Orilus = alsus P 260,25. 268,3. 270,23. = kus P 273,29. = sus P 133,5.
  141,9. 265,25. 273,13. 276,3. 278,19. 329,27.
 Pompeius = alsus P 101,29. = sus W 338,25.
 Poydjus = sus W 82,29. 282,19.
 Saturnus = monlzirus P 613,21. = sus P 492,25.
 Vénus = alsus P 532,3.
 Virgilius = alsus P 656,17.
 alsus = kus P 635,1. W 92,23. 143,21. L 1,23,26. = pellicânus P 482,11.
 cególitus = ligûrlus P 791,15.
 enidrus = jacinctus P 791,17.
 sus = artanticus (pôlus) P 715,15. = monlcirus P 482,23. = thopazius P 780,19.
 topazius = mêdus P 791,29.
VST. *brust* = gekust P 714,17. = gelust P 9,25. 28,17. 118,27. 395,23. 409,29.
  444,17. 467,29. 482,15. W 218,5. = flust P 197,13. 219,17. 328,27. 361,21.
  547,19. W 64,15. 100,23. 168,17. 177,11. 307,13. 310,27. 457,9. L 9,15.
 gelust = armbrust P 36,1. = flust W 11,5.
VSTE. *kuste* = geluste P 20,25. 113,1. = luste P 729,19. W 143,9. 203,27.
  312,29. L 8,21.
VTEN. *buten* = suten W 50,17.
VZ. *gus* = duz P 104,5. = vluz P 603,7.
VZZEN. *besluzzen* = beguzzen L 1,13,16.

VHTE. *lûhte* = bedûhte P 400,13.

ÛL. *sûl* = fûl P 589,5. W 190,15. = mûl P 583,19.
ÛM. *rûm* = pflûm P 655,7. W 439,11.
ÛME. *rûme* = kûme P 433,3. W 397,25. T 50.
ÛN. *Arragûn* = Utepandragûn P 74,5.
  Ascalûn = Arragûn P 67,13. = Bertûn P 335,3. = Schanpfanzûn P 321,19. 324,19. 398,23. 402,19. = poulûn P 82,9.
  Bertûn = Dianazdrûn P 216,7. 432,19. 525,13. = Kingrûn P 195,27. 203,21. 215,1. 280,13. = Munlêûn W 126,7. = Schanpfanzûn P 416,7. = Utepandragûn P 56,11. 65,29. 314,23. 662,17. 672,7. = Vedrûn P 419,21. = brûn P 644,1. = gampilûn P 383,1. = garzûn P 284,19. = poulûn P 307,19. = prisûn P 429,7. = trunzûn W 269,23.
  Kahûn = Kanlîûn W 358,13.
  Kingrûn = zûn P 178,3.
  Munlêûm = comûn W 115,5.
  garzûn = barûn W 170,9. = poulûn P 62,17. 81,15. 132,5. = prisûn W 192,5. = rûn P 660,27.
  rûn = poulûn P 77,27.
  sûn = neitûn W 425,29.
ÛNE. *Bertûne* = garzûne P 668,5. = trunzûne P 665,17.
  Kingrûne = brûne P 200,9.
  Sigûne = brûne P 138,17.
ÛNEN. *Kingrûnen* = rûnen P 278,27.
  Sigûnen = brûnen T 36.
ÛNET. *galûnet* = gerûnet T 153,9.
ÛR. *Fabûr* = amazûr W 359,17.
  Sûrddmûr = sûr P 712,7.
  Terre de Labûr = sûr P 656,13.
  amazûr = nâchgebûr W 26,21. 393,15. = schûr W 46,29. 256,5. = sûr W 21,11. = untûr W 18,1.
  punjûr = sûr W 310,21. 346,9. = ûr W 335,9.
  schûr = lâsûr P 313,5. = nâchgebûr P 56,3. W 163,17. = sûr P 514,19. 587,13. W 244,29.
  sûr = nâchgebûr P 1,1.
  tambûr = gebûr W 187,25. = sûr W 12,29. = untûr P 19,9.
ÛRE. *mûre* = amazsûre W 54,19. = nâchgebûre P 408,13.
ÛREN. *amassûren* = getûren W 28,15. = tambûren W 34,5.
  trûren = nâchgebûren P 332,17. = sûren T 17.
  tûren = gebûren P 385,15.
ÛRET. *betûret* = gemûret P 230,7. = vermûret P 351,25.
ÛRS. *Béâflûrs* = Pansamûrs P 87,27.
  Condwiramûrs = Schenteflûrs P 177,29. = bêâcûrs P 187,21. = bêâflûrs P 508,21.
  Schenteflûrs = âmûrs P 211,11.
  âmûrs = cûrs P 283,7. = flûrs P 732,13.
ÛS. *Artûs* = hûs P 123,7. 135,13. 143,23. 147,12. 152,7. 161,27. 220,11. 280,1. 310,21. 449,7. 524,15. 548,23. 654,29. 667,19. 674,17. 699,21. 700,5. = wartbûs P 759,23. = weidehûs P 206,7.

hûs = mûs P 185,1.
ÛSE. *Artûse* = Janfûse P 314,15. = clûse P 382,23.
ÛSEN. *klûsen* = weidehûsen P 190,21.
ÛT. *Adramahût* = hût W 175,7. 417,27.
hût = sundertrût P 437,25.
lût = krût P 486,3.
trût = brût P 202,27. = hût P 44,29. 101,17. 270,7. 314,5. W 260,17. = lût P 101,23. 109,19. 668,13. 713,9.
ÛTE. *Jeschûte* = trûte P 130,1. 134,21. 272,7. 336,25.
ÛZ. *strûz* = pôfûz W 364,27. = ûz P 42,9. 50,3. 72,7,29. 406,29.
ûz = pôfûz W 367,25.

V̈.

V̈CKE. *brücke* = rücke P 313,13.
gelücke = stücke P 734,23. = tücke W 184,22.
lücke = stücke P 718,19.
V̈CKEN. *lücken* = tücken W 440,19.
V̈CKET. *gezücket* = gebrücket P 144,1.
V̈FTE. *lüfte* = güfte W 16,19.
V̈FTEN. *lüften* = güften P 262,19.
V̈GE. *flüge* = betrüge P 536,11. = süge P 104,13. = tüge W 170,19. = züge P 278,17.
trüge = lüge P 439,9. = vorflüge P 349,21. = züge P 575,23. 700,13.
V̈MBE. *ümbe* = krümbe P 241,15.
V̈MFTE. *fümfte* = kümfte W 397,17.
V̈MT. *kümt* = gefrümt P 616,7.
V̈NDE. *fünde* = künde P 659,17. 771,7. = urkünde P 180,11.
künde = ünde W 8,11. 392,5.
sünde = enpfünde W 113,17. = künde P 499,19. 759,15. W 324,15. 376,25. 450,15. = urkünde P 14,1. 583,3.
V̈NDEN. *fünden* = sünden W 246,19.
künden = erfünden T 56. = sünden P 448,25. 511,13. = versünden T 61. 114.
V̈NDET. *kündet* = versündet P 329,21. 435,1.
V̈NNE. *düne* = brüne P 63,17. = wüne P 213,15.
küne = brüne P 71,11. = düne P 760,13. W 40,13. = güne W 164,19. = wüne P 465,1. 706,15. 753,27. W 1,15. 8,21. 94,17. 101,13.
V̈NNES. *künes* = verbünes W 39,23.
V̈PPE. *gelüppe* = gestüppe P 790,11.
V̈R. *derfür* = kür P 191,23. W 244,13. = tür P 231,29. 405,9. 546,27. 549,25. 571,11.
für = kür P 84,19. 162,17. 204,3. 452,9. 493,21. 509,21. 584,3. 688,29. 807,17. W 223,1. 225,19. 320,21. 361,21. 378,28. 425,23. = tür 19,23. 44,25. 236,5. 240,21. 569,29. 588,25. W 113,25. 129,29. 147,29. = übertür W 406,25.

verlür = derfür W 465,7. = erkür W 11,23. 214,17. = für P 32,3. 241,25. 515,29. = kür P 142,1. W 167,11. = verkür P 58,9. 779,25. W 213,19.
VRDE. *bürde* = würde W 79,29.
VRE. *verlüre* = küre W 445,27. = verküre W 466,11.
VRN. *erbürn* = spürn W 429,7.
verlürn = kürn W 205,5. = erkürn W 145,25.
VRRE. *gesnürre* = würre P 718,9.
VRSTE. *fürste* = getürste W 385,13. 439,29. T 123.
VRSTEN. *fürsten* = erdürsten P 147,5. = getürsten W 210,9.
VRZEN. *kürzen* = würzen P 481,15.
VSTE. *flüste* = äküste W 308,21. = brüste W 51,27. T 25.
VSTEC. *flüstec* = niderbrüstec W 167,3.
VTZEN. *schützen* = unützen W 223,11.
VZZE. *verdrüzze* = slüzze P 533,27. = vergüzze P 154,1.
VZZEN. *schüzzen* = genüzzen P 208,11.

VE.

VEBEN. *üeben* = trüeben P 489,7.
VEGE. *gefüege* = phlüege P 124,25.
getrüege = ungefüege P 442,7. T 99.
trüege = erslüege W 354,27. = gefüege P 13,9. W 95,5. = gewüege P 515,7. 559,25. = slüege P 110,19. 177,19. 459,3. W 360,3.
VEGEN. *gefüegen* = genüegen W 250,27.
VEGET. *füeget* = genüeget P 701,13.
VEN. *müen* = erblüen W 393,19.
VENDE. *küende* = stüende P 398,21. 468,21. 516,7. W 128,27. 137,21. 228,7. 291,19. = verstüende W 192,17.
süende = stüende P 798,7.
VENE. *grüene* = küene P 64,27.
VENEN. *begrüenen* = erküenen P 489,13.
küenen = süenen P 704,25. W 77,29.
VENET. *küenet* = vergrüenet P 96,15.
VERE. *rüere* = füere W 119,11.
snüere = gefüere P 228,11. = füere P 760,29. = zerfüere T 156.
swüere = umbefüere P 15,9.
VEREN. *gerüeren* = gefüeren T 1.
rüeren = snüeren P 713,7.
füeren = gerüeren W 325,7. = rüeren P 820,21. W 172,21. 450,25. = snüeren P 260,13. = swüeren W 348,5.
VERET. *gerüeret* = enpfüeret P 545,7. 573,11. T 124. = gefüeret W 85,15. T 162. = zerfüeret P 247,11. 257,9. 704,9. W 383,7.
rüeret = füeret P 711,18. 811,9. = zefüeret P 532,25.
zefüeret = ungerüeret W 160,27.
VET. *gemüet* = lüet W 35,17.
müet = blüet P 28,7. 212,29. = erblüet W 355,11.

VETE. blüete = hôchgemüete P 96,17. = müete W 219,25.
güete = armüete P 260,9. = behüete P 332,13. 576,25. W 213,27. = blüete
P 92,21. W 463,2. T 96. = diemüete P 128,27. 170,27. = erblüete W
280,1. = gemüete P 217,17. 246,15. 394,13. 402,1. 431,9. 467,9. 471,29.
528,1. W 2,23. 66,19. 157,9. 342,13. 365,29. L 7,35. = hôchgemüete P
541,3. W 87,17. 174,25. 248,1. T 36. = müete P 252,23.
flüete = behüete W 375,15. = gemüete W 399,17. = güete W 96,5.
VETEN. blüeten = müeten W 59,7.
güeten = behüeten P 568,13. = büeten P 493,23.
VETET. behüetet = gebrüetet W 364,29.
VEZE. müeze = füeze W 156,3.
süeze = büeze W 385,9. = grüeze P 4,19. 69,23. 559,3. 732,3. T 39. 105.
= müeze P 203,7. 450,27. 476,9. 549,15.
VEZEN. grüezen = büezen W 322,25. = gesüezen L 9,21. = müezen W
141,29. = süezen P 244,5. 427,5. 751,25. W 403,5. L 5,36.
süezen = gebüezen W 120,3. 205,3.
füezen = büezen W 375,29. = geunsüezen T 163. = süezen P 790,3.
VEZET. gebüezet = gesüezet P 759,23.
gegrüezet = ungebüezet W 227,25.

VO.

VO. nuo = derzuo P 425,17.
fruo = duo P 166,7. = derzuo W 180,1. = tuo P 626,17. 788,9. W 43,29.
181,21. 304,3. L 8,1.
zuo = duo P 368,13. 752,7. = getuo P 331,27. = kumestuo W 148,19. =
missetuo W 1,11. 148,19. = nuo P 7,25. 95,3. 293,25. 433,15. 488,21.
584,5. 594,9. 687,21. 705,21. 740,13. 789,19. W 29,11. 100,3. 119,7. 235,19.
261,29. 300,3. 301,21. 398,3. = tuo P 135,15. 156,15. 234,29. 294,21.
327,25. 333,17. 349,27. 361,5. 422,17. W 334,23. 365,21. = fruo P 137,11.
167,15. 212,17. 248,5. 340,9. 379,9. 415,19. 436,9. 545,25. 553,1. 554,5.
555,17. 580,25. 641,21. 680,29. 701,3. 708,17. 743,23. 755,29. 761,11. 799,29.
801,29. W 72,17. 136,25. 173,25. 199,27. 209,19. 233,23. 392,23. = zwuo
P 233,13. 590,19. W 343,27.
VOC. Azagouc = truoc P 54,15.
genouc = ersluoc W 151,9. 221,13. 436,5. = getruoc P 538,25. 567,5.
629,13. W 153,7. 266,13. 325,27. 401,17. = gewuoc P 12,23. W 67,5.
161,29. 234,23. = kluoc P 157,3. 406,1. W 394,5. = pfluoc P 544,15. =
phluoc W 214,21. = sluoc P 25,5. 84,15. 207,17. 253,13. 306,3. 312,29.
421,7. 650,17. 800,25. W 332,1. 375,5 388,21. 403,17. 415,25. = truoc P
7,5. 34,27. 39,15. 56,23. 101,21. 120,9. 164,19. 236,29. 238,29. 243,25.
266,29. 279,9. 307,9. 313,15. 317,7. 341,19. 347,5,21. 360,7. 385,17. 397,21.
399,17. 420,5. 441,5. 486,15. 503,17. 504,11. 519,13. 541,7. 549,23. 575,29.
597,9. 603,3. 605,15. 608,23. 622,11. 626,9. 631,27. 634,19. 636,15. 660,11.
683,29. 697,25. 724,25. 726,1. 735,11. 738,9. 758,15. 777,29. 780,13. 781,21.
787,15. 792,7. 796,15. 808,23. 813,3. 815,21. 824,9. W 15,9. 57,25. 59,19.

66,11. 72,3. 78,25. 105,23. 117,17. 119,13. 124,21. 136,29. 167,9. 173,29. 189,25. 205,13. 229,13. 248,27. 271,11. 253,9. 286,21. 288,13. 301,5. 302,17. 312,1. 321,1. 345,5. 361,5. 376,9. 382,11. 356,23. 416,19. 418,7. 424,25. 441,7. L 4,5,6. = vertruoc P 49,17.
sluoc = buoc P 540,27. = gewuoc P 158,25. 187,17. = vertruoc P 321,9.
truoc = gesuoc P 311,11. = getwuoc W 133,23. = gewuoc P 19,3. 518,15. 550,11. 585,21. 627,15. 636,9. 716,17. 809,17. W 215,7. = kluoc P 72,25. 166,7. 210,19. 228,13. 231,15. 234,9. 244,11. 413,5. W 269,19. = kruoc P 570,5. = resluoc W 444,25. = sluoc P 91,27. 98,25. 101,7. 108,3. 112,29. 195,1. 318,7. 417,3. 439,29. 559,9. W 40,17. 56,9. 77,11. 78,3. 84,25. 85,5. 108,1. 204,21. 236,27. 408,27. 410,25. 412,21. 428,19. 433,1.
twuoc = kluoc P 272,3. = truoc P 306,21.
VOCH. *bruoch* = sactouch P 127,1.
buoch = tuoch P 116,1.
fluoch = unrouch P 316,11.
VOCHE. *gerouche* = buoche P 115,25. = suoche P 62,11.
VOCHEN. *suochen* = buochen P 455,2. = gerouchen P 617,21. T 60. L 7,23. = ruochen P 97,9. 435,11.
versuochen = gerouchen P 204,29. 614,7. = hagenbuochen W 196,21. = ruochen P 716,27. W 224,13. 346,5.
VOCHENT. *gerouchent* = versuochent W 273,17.
VOCHET. *gerouchet* = suochet P 594,17. 633,7. = versuochet P 466,27. *ruochet* = suochet P 26,3. 369,27. = versuochet W 337,5. = verfluochet P 543,1.
VOCHTE. *suochte* = gerouchte P 211,25. 226,23. W 282,13. = ruochte P 689,19. 744,13. W 460,7.
versuochte = ruochte W 186,11. = umberouchte P 155,27.
VOCHTEN. *ruochten* = suochten P 377,21.
VODER. *bruoder* = muoder W 52,5. = ruoder P 364,4. W 453,17.
ruoder = fuoder P 691,13.
VOGE. *genuoge* = fuoge P 344,9. = kruoge W 176,15. = ungefouge W 282,1.
VOGEN. *genougen* = fuogen P 201,21. = truogen W 265,7. 406,3.
tougen = durchsluogen W 401,11.
VOGET. *genouget* = sluoget P 407,17. = unfuoget W 11,19.
VOHS. *gewuohs* = fuohs W 61,7.
VOL. *phuol* = übermuol W 188,21.
VOM. *ruom* = herzentoum P 52,11. W 379,1. = magetuom P 195,25. 458,1. 463,25. 526,5. = rihtuom P 116,23.
VOME. *bluome* = moume P 252,15.
muome = ruome P 140,21. 500,27.
VOMEN. *bluomen* = muomen T 32. 106.
VON. *Gaurioun* = tuon P 496,5.
Edhuon = tuon W 399,3.
Karkassuon = tuon W 365,7.
Rubiuon = tuon W 350,23. 392,19.
Sinaguon = getoun W 293,27. 369,1.
Tedaluon = tuon W 379,23.

Turpíuon = tuon W 56,19. 344,11.
huon = getuon P 419,23.
suon = getuon P 28,23. 31,23. 66,15. 298,15. W 267,25. 357,15. 431,15. =
missetuon P 59,27. 413,29. = tuon P 39,13. 48,3. 51,5. 80,25. 86,19. 90,15.
92,7. 198,5. 214,9. 221,7. 300,27. 322,15. 332,23. 344,1. 345,5. 348,27.
353,1. 359,7. 367,19. 368,3. 383,5. 387,9. 406,15. 422,29. 475,19. 543,9.
516,25. 597,25. 609,1. 673,1. 684,3. 697,21. 707,15. 709,19. 720,15. 722,5.
726,9. 727,9. 745,21. 775,1. 781,3. 797,29. 808,25. 811,9. 826,21. W 23,1.
48,5. 67,3. 70,7. 72,21. 74,27. 97,11. 98,7. 137,7. 152,23. 159,1. 160,25.
171,11. 179,5. 183,11. 194,23. 250,5. 256,17. 269,27. 320,3. 342,21. 371,9.
373,13. 359,13. 411,1. 457,3. 464,5.
swestersuon = tuon P 649,13.
VONDEN. *gestuonden* = beguonden P 471,15. = fuonden W 308,23.
stuonden = befuonden W 208,3. = beguonden P 648,15. W 182,13. =
gebuonden P 151,11. = kuonden P 326,13. 385,13. 493,17. W 278,17.
VONT. *bestuont* = unkuont W 421,27. 446,21.
gestuont = unkuont W 140,21. = wuont W 432,25.
kuont = bestuont P 258,25. = gestuont P 446,1. 459,25. = tuont P 242,17.
W 95,21. = understuont P 752,21. = vertuont W 195,1. 207,3.
stuont = kuont P 237,13. 379,29. 417,9. 456,25. 461,3. 490,23. 560,25.
565,5. 568,19. 581,27. 559,29. 741,11. W 89,5. 134,9. 263,17. 273,3. 291,1.
297,5. = muont P 405,15. W 146,23. = tragamuont W 438,5. = tuont
P 705,7. = unkuont P 180,7. 185,25. 282,1. 437,21. = fuont P 352,29. =
wuont P 595,25.
VOP. *huop* = ergruop P 643,19. = uop P 73,19. 319,11.
VOR. *hârsnuor* = missefuor P 313,25.
muor = entfuor W 327,19. = gezeltsnuor W 436,11. = fuor P 335,23.
593,1. = widerfuor P 398,25.
snuor = gefuor P 306,17.
swuor = enpfuor W 107,25. = widerfuor P 58,15.
fuor = beswuor W 217,21. = helmsnuor P 444,19. = snuor W 394,17. =
swuor P 269,1. 460,3. 498,1. W 34,23. = verswuor P 824,23.
VORE. *muore* = ruore W 326,25.
VOREN. *swuoren* = gefuoren P 200,3. W 304,13. = fuoren W 184,23. 199,21.
VORT. *geruort* = gefuort P 375,15.
VORTE. *ruorte* = enpfuorte P 493,11. = huorte W 391,9. 411,23. 442,1. =
fuorte P 71,7. 103,29. 179,15. 200,27. 342,13. 363,19. 585,15. 605,11. W
23,29. 29,21. 214,7. 235,17. 315,3. 379,5. T 81. = widerfuorte P 42,25.
fuorte = geruorte W 365,9. = huorte W 28,9. 239,23. 408,17.
VORTEN. *ruorten* = fuorten P 125,9. 739,11. W 90,13.
VOSTEN. *buosten* = muosten P 137,9.
VOT. *armuot* = behuot P 749,27. = unfruot P 5,15.
behuot = hôchgemuot P 596,13.
gemuot = behuot W 98,9. = getuot P 356,7. = fluot W 18,7. 28,21.
guot = armuot P 116,15. W 237,29. 262,19. = behuot P 30,3. 353,27.
378,29. 471,11. = bluot P 81,21. 105,17. 155,3. 464,17. 482,19. 572,25. W
413,21. = dêmuot P 479,1. = entluot W 243,1. = gebluot W 99,25. =

gemuot P 172,7. 261,7. 267,9. W 23,27. 76,5. 389,21. = getuot W 289,27. = gluot P 378,15. = huot P 129,23. 313,9. W 397,3. = muot P 2,17. 11,11. 53,21. 54,3. 64,9. 89,17. 97,23. 124,1. 128,1. 319,21. 357,3,19. 362,25. 403,27. 502,11. 533,7. 580,21. 628,7. 642,23. 769,13. 771,11. 792,1. 822,13. W 162,5. 165,7. 171,3. 180,13. 218,21. 257,27. 265,11. 296,5. 346,1. 360,21. L 10,14. = pluot P 231,19. 270,5. = tuot P 17,11. 297,25. 335,11. 389,21. W 302,29. 348,17. = fluot P 376,3. 477,11.
luot = fluot P 353,7.
muot = behuot P 742,15. W 46,11. 51,1. = bluot P 452,21. 480,17. = getuot W 83,11. = gluot P 614,13. = huot P 780,23. W 377,23. = vertuot P 171,9. = fluot W 321,5. 342,23.
tuot = armuot P 251,13. W 283,1. = behuot P 386,13. W 229,5. = bluot P 112,1. 290,27. 475,23. 740,3. W 166,25. = gemuot W 24,11. = hôchgemuot P 618,11. 686,27. = huot P 722,9. W 357,29. = luot P 210,13. 675,13. = muot P 1,5. 3,19. 57,11. 68,5. 201,23. 291,7. 515,21. 634,5. 719,11. 722,27. 736,7. 737,15. W 177,19. 198,29. 228,15. 250,11. 273,25. 275,21. 280,7. 320,11. 458,11. = überfluot W 178,17. = fluot P 644,19. W 393,1.
VOTE. *Vote* = muote W 439,15.
guote = bluote P 483,9. W 405,25. = huote P 404,9. 729,1. = muote P 149,9. 816,11. W 6,5. = nâchbuote P 665,21. W 316,11.
huote = bluote W 406,23. = gemuote P 339,1.
VOTEN. *guoten* = entmuoten P 812,13.
VOTER. *muoter* = guoter P 138,7. 141,23. 156,29. 374,21. 414,7. 476,13. W 183,27. 292,3.
VOF. *knaf* = truof P 201,3.
ruof = geschuof W 19,1. 69,1. = huof P 72,1. = schuof W 212,19. 329,1. 437,1.
schuof = huof W 429,11. = sunderruof W 311,5.
VOFE. *ruofe* = wuofe W 207,1.
VOFEN. *ruofen* = wuofen P 101,27.
schuofen = beruofen W 407,13.
VOZ. *buos* = ruoz W 188,27. = fuoz P 205,7. W 190,5. 396,19.
gruoz = barfuoz P 416,21. = buoz P 12,13. 76,23. 127,27. 171,3. 315,17. 320,25. 401,25. 673,27. = muoz P 8,11. 95,25. 149,7. 151,7. 189,7. 349,3. 366,29. 421,21. 453,9. 456,21. 467,*. 509,1. W 64,5. 65,23. 86,25. 140,9. 143,27. 156,29. 253,25. 273,5. 299,27. 402,25. 427,21. L 5,22,24. 8,37. = fuoz P 263,23. 305,9. 504,23. 536,27. 572,1. 621,15. 779,23. 793,25. W 36,1. 126,25. 200,17.
fuoz = muoz P 74,13. 598,19. 668,3. W 96,13. 131,29. 227,5. 417,11.
VOZE. *buoze* = muoze P 482,5.
gruoze = unmuoze P 438,13.

VN. *Bertân* = sun P 661,7.
Buovân = sun W 6,23.

Hippipotitiván = sun W 349,11. 356,21. 386,9.
Kdhán = sun W 411,13. 412,9.
Konlián = sun W 104,19. 435,19.
Kiún = sun W 411,29.
Libilún = sun W 46,17.
Sinagán = sun W 27,13. 226,15. 291,23. 317,29. 113,17.
Tedalún = sun W 375,21. 414,1.
Turpiún = sun W 28,25. 255,9.
Vtepondragán = sun P 115,11.
sun = barún W 428,23. 451,2. = latún P 551,9. = preimerún W 197,11. 215,13. 461,1.
VRS. *ámúrs* = curs P 327,19. 333,23.
VS. *Arlús* = Liddamus P 121,13. = alsus P 320,21. 610,13.
Liddamus = hús P 417,1.
Ligweizprelljús = alsus P 602,5. = sus P 600,11.
Saturnus = hús P 489,23.
VZ. *Gandalús* = fluz W 441,17.

Assonanzen.

A. *gábe* = mage P 53,19.
gáben = lágen P 17,29.
gesáhen = pflágen P 161,7.
gaz = walap P 173,29.
E. *e* = a, b, c P 453,15.
selbe = velde P 93,23.
geschehn = jehen P 533,15.
kéren = junchérren P 35,13.
pflegn = bewegen P 590,23.
gegebn = gepflegn P 211,27.
gekemet = geteñet P 73,5.
I. *Affricke* = Agrippe P 770,3.
Razalie = wlp P 46,1.
vil = hin P 397,15.
schilt = sint W 241,27.
O. *Amirofel* = tropel W 407,19.
OV. *ougen* = gelouben P 417,21. = rouben P 10,25.
Ü. *künee* = frümec W 46,5.
VO. *stuont* = kunt P 218,17.

www.ingramcontent.com/pod-product-compliance
Lightning Source LLC
Chambersburg PA
CBHW031356160426
43196CB00007B/828